UMA IGREJA DE
PORTAS ABERTAS

Wagner Lopes Sanchez
Eulálio Figueira (orgs.)

UMA IGREJA DE
PORTAS ABERTAS

NOS CAMINHOS DO
PAPA FRANCISCO

Dados Internacionais de Catalogação na Publicação (CIP)
(Câmara Brasileira do Livro, SP, Brasil)

Uma Igreja de portas abertas : nos caminhos do Papa Francisco / Wagner Lopes Sanchez, Eulálio A. P. Figueira, (organizadores). – São Paulo : Paulinas, 2016. – (Coleção Francisco)

ISBN 978-85-356-4190-5

1. Igreja Católica - Aspectos sociais 2. Igreja - Cristianismo 3. Francisco, Papa, 1936- 4. Teologia - Aspectos sociais I. Sanchez, Wagner Lopes. II. Figueira, Eulálio A. P. III. Série.

16-03757   CDD-252

Índice para catálogo sistemático:
1. Francisco, Papa : Igreja Católica : Cristianismo   252

1ª edição – 2016
1ª reimpressão – 2017

Direção-geral: *Bernadete Boff*
Editores responsáveis: *Vera Ivanise Bombonatto*
João Décio Passos
Copidesque: *Cirano Dias Pelin*
Coordenação de revisão: *Marina Mendonça*
Revisão: *Equipe Paulinas*
Gerente de produção: *Felício Calegaro Neto*
Projeto gráfico: *Manuel Rebelato Miramontes*
Diagramação: *Jéssica Diniz Souza*
Imagem de capa: *Servizio Fotografico L'Osservatore Romano*

Nenhuma parte desta obra poderá ser reproduzida ou transmitida por qualquer forma e/ou quaisquer meios (eletrônico ou mecânico, incluindo fotocópia e gravação) ou arquivada em qualquer sistema de banco de dados sem permissão escrita da Editora. Direitos reservados.

Paulinas
Rua Dona Inácia Uchoa, 62
04110-020 — São Paulo — SP (Brasil)
Tel.: (11) 2125-3500
http://www.paulinas.org.br
editora@paulinas.com.br
Telemarketing e SAC: 0800-7010081
© Pia Sociedade Filhas de São Paulo — São Paulo, 2016

SUMÁRIO

Prefácio 9
   Dom Angélico S. Bernardino

Apresentação 11
   Sergio Torres González

Introdução 17

I. OS DESAFIOS DE UMA REFORMA DA IGREJA

A recepção do projeto do papa francisco 23
   Fernando Altemeyer Junior

Francisco e a colegialidade 39
   Dom Celso Queiroz

Francisco e o desafio da cultura eclesial dominante 51
   Wagner Lopes Sanchez

II. CAMINHOS E REALIZAÇÕES

A densidade teológica dos gestos de Francisco 69
   Alex Villas Boas

A Doutrina Social da Igreja interpretada por Francisco.
A encíclica Laudato Si' 89
   Donizete José Xavier

Misericórdia, o outro nome da Igreja 105
   Antônio Sagrado Bogaz e João H. Hansen

Sinais proféticos que indicam o caminho 123
   Vera Ivanise Bombonatto

III. AS UTOPIAS, AS DEFASAGENS E OS SILÊNCIOS

As reformas na Igreja entre a instituição e o carisma 137
   João Décio Passos

Na igual dignidade batismal: laicato, serviços e ministérios,
relação de gênero no interior da Igreja 155
   Maria Cecília Domezi

A ética da vida misericordiosa. Inclusiva,
anti-idolátrica e ecolibertadora 171
   Luiz Augusto de Mattos

Posfácio 183
   Walter Altmann

Sobre os autores 189

SIGLAS

AL – Exortação pós-sinodal *Amoris Laetitia*
CT – *Catechesi Tradendae*
DAp – *Documento de Aparecida*
DV – Constituição Dogmática *Dei Verbum*
EG – Exortação apostólica *Evangelii Gaudium*
GS – Constituição pastoral *Gaudium et Spes*
LF – Encíclica *Lumen Fidei*
LG – Constituição dogmática *Lumen Gentium*
LS – Exortação apostólica *Laudato Si'*
MV – Bula de proclamação do jubileu de misericórdia *Misericordiae Vultus*
PP – Encíclica *Populorum Progressio*

PREFÁCIO

O *Observatório Eclesial do Brasil* segue os gestos, palavras e escritos deste iluminado Pastor, semeador de esperança, mensageiro de misericórdia, paz. No vigor do Espírito Santo, o dedicado apóstolo de Jesus Jorge Mario Bergoglio veio do fim do mundo, Argentina, amada América Latina, para participar do conclave. Contrariando palpites de vaticanistas, saiu ungido, pelo Espírito, Papa Francisco. Pessoalmente, fui tomado de surpresa, pois sempre o vi silencioso, simples, em dois importantes eventos de que participamos: Assembleia Especial do Sínodo dos Bispos para a América em 1997 e V Conferência Geral do Episcopado Latino-Americano e do Caribe, em 2007.

Em sua primeira manifestação ao povo congregado na Praça de São Pedro, Francisco, na esperança, já indicava a marca fundamental de sua missão como Bispo de Roma: "O Espírito do Senhor está sobre mim porque ele me enviou para evangelizar os pobres, enviou-me para proclamar a remissão aos presos e aos cegos a recuperação da vista; para restituir a liberdade aos oprimidos, e para proclamar o ano santo da misericórdia do Senhor" (Lc 4,18-19). E, realidade maravilhosa, com o Papa Francisco, em tempos de nova época, de crises generalizadas atingindo a própria Igreja, renasce vigorosa a esperança. Olhos e corações se voltam para gestos, palavras, testemunho, deste papa que anuncia ser a misericórdia o nome de Deus; a urgência, a começar pela Cúria Romana, de reformas na Igreja toda para que, a exemplo de Jesus, esteja com braços abertos ao acolhimento de todos, indo ao encontro dos pobres, dos migrantes, dos marginalizados, totalmente comprometida com o Reino de Deus. Igreja pobre, imersa na alegria do Evangelho, aberta às alegrias e dores de toda a humanidade. Igreja entregue a amplo diálogo com todos e participando ativamente do cuidado pela casa comum, o planeta Terra.

É verdade que há pessoas, grupos, que resistem às reformas pregadas por Francisco, que, olhos fixos no "rosto da misericórdia do Pai", insiste na conversão pessoal; na renovação de estruturas e comportamentos na Cúria Romana e em toda a amada Igreja. Diante de oposições, entraves silenciosos, Francisco, com determinação, em sua mensagem de Natal à Cúria Romana, no dia 21 de dezembro de 2015, declarou: "A reforma prosseguirá com determinação, lucidez e ardor, porque *Ecclesia semper reformanda*".

Em providencial hora, neste tempo oportuno, ilustres e devotados discípulos missionários de Jesus, integrantes do *Observatório Eclesial do Brasil*, nos oferecem, neste livro, preciosas considerações sobre os desafios de uma reforma da Igreja; caminhos e realizações; as utopias, as defasagens e silêncios.

A Igreja em oração não cessa de pedir: "Vinde, Espírito Santo, renovai a face da Igreja toda, e livrai-nos de somente batermos palmas aos gestos e palavras de Francisco, permanecendo, porém, em atitudes e estruturas não condizentes com o testemunho, palavras, de Jesus".

Este é um tempo em que somos convidados, unidos ao Papa Francisco, para lançar "as redes em águas mais profundas", caminhando, confiantes, de esperança em esperança, na esperança sempre!

Dom Angélico Sândalo Bernardino
Bispo emérito de Blumenau,
na bela e Santa Catarina.

APRESENTAÇÃO

Sergio Torres González

Alguns amigos, que pertencem ao *Observatório Eclesial do Brasil*, com sede em São Paulo, me pediram para fazer a apresentação deste livro. Um texto inédito e criativo que se propõe a analisar criticamente os três anos do pontificado do Papa Francisco, cuja eleição trouxe alegria e esperança, depois de anos difíceis e duros na sociedade e na Igreja. O pedido desses amigos, que compromete a minha gratidão e admiração pelo trabalho do Observatório, me permite a oportunidade de dar a conhecer a origem dessa iniciativa, os objetivos a que se propõe e as esperanças para o futuro.

O projeto inicial, ou melhor, o germe dessa nova iniciativa, nasceu casualmente, ou talvez providencialmente, em uma reunião que se realizou no Rio de Janeiro, na casa da amiga teóloga Ana Maria Tepedino, em fevereiro de 2014. Entre os participantes se encontravam, entre outros, Maria Helena Arrochellas e Leonardo Boff. Leonardo contou que nesse momento estava em contato com o Papa Francisco e que havia enviado alguns de seus livros sobre ecoteologia, pois o papa estava preparando uma encíclica sobre o cuidado do meio ambiente. Às pessoas citadas e outras, a quem peço desculpas por haver esquecido alguns nomes, recebemos a brisa benéfica de uma bênção a distancia enviada por José Oscar Beozzo.

Nessa reunião os participantes não cessavam de alegrar-se e dar graças a Deus pela inesperada e alentadora eleição deste papa, mas, ao mesmo tempo, transcorrido um ano em seu cargo, alguns expressavam sua inquietude pela falta de acolhida de seu projeto renovador em algumas instâncias intermediárias no interior da Igreja. Sem muita clareza ainda, se propôs a "fazer algo" para apoiar o papa. A reunião terminou sem um projeto concreto, mas Maria Helena ficou responsável de estabelecer contatos e, durante vários meses de 2014, enviou comunicados com mensagens e documentos sobre o Papa Francisco.

Essa semente amadureceu e deu seus primeiros frutos nos meses de janeiro, fevereiro e março de 2015. Durante esse tempo se realizaram diversas iniciativas, viagens, reuniões em diversos países do continente, que resultaram no nascimento de Observatórios Eclesiais em três países. Em 10 de março se realizou em São Paulo, Brasil, a primeira reunião de um grupo que depois, progressivamente, se constituiu no *Observatório Eclesial do Brasil*. Os participantes se propuseram a colaborar na preparação do Sínodo da Família que devia realizar-se em outubro do mesmo ano em Roma. Para o ano de 2016, um dos trabalhos assumidos foi a publicação deste livro: *Uma Igreja de portas abertas. Nos caminhos do Papa Francisco*. Também anunciam que durante o ano estudarão as relações públicas do pontificado de Francisco em três âmbitos: relações com os governos, com as Igrejas cristãs e com as outras religiões.

Em Quito, Equador, em fevereiro de 2015, se realizou uma reunião de um grupo de bispos eméritos, sacerdotes e leigos para refletir sobre a conjuntura eclesial desse país por ocasião da nomeação de bispos, alguns muito contraditórios, que até haviam motivado a intervenção do Papa Francisco. O secretário designado foi um leigo de larga trajetória eclesial, Luis Enrique Galarza. Na Costa Rica, também se constituiu um pequeno grupo de acadêmicos e agentes pastorais que acolheram tal iniciativa e se propuseram a realizar um programa para 2015 de acordo com a realidade social, cultural e eclesial deste país, sempre com a perspectiva de apoiar o Papa Francisco. Durante o ano organizaram vários colóquios, por exemplo, sobre a teologia bíblica feminista e a relação entre espiritualidade e ética. Para o ano de 2016 tratarão o tema geral da "misericórida e a transformação social". O secretário desse Observatório é o professor Luigi Schiavo, da Universidade de Lasalle, de São José da Costa Rica. Em outros países, como Chile, Colômbia, Guatemala e El Salvador, existem organismos que cumprem as funções de um Observatório, mas que ainda não se organizaram formalmente.

Depois de um ano de funcionamento, é possível dizer como essas iniciaitivas estão se desenvolvendo e como estão cumprindo os objetivos a que se propuseram. Como é sabido, existem diversos tipos de Observatórios Sociais em nosso continente que "observam" e "monitoram" os problemas sociais. Existem diversos exemplos: observar os investimentos das empresas mineradoras estrangeiras, a propriedade e o uso da água, a opressão dos povos originários, a situação da mulher, as mudanças climáticas etc. Existem poucos Observatórios Eclesiais. Um exemplo é o do México, que publica longos informes com notícias das igrejas nesse país.

O Observatório Eclesial proposto, e que já está em funcionamento em pelo menos três países, tem uma característica especial. A novidade consiste em que não está destinado simplesmente a "observar" as atividades da Igreja e fazer publicações, senão que se propõe a apoiar ativa e criticamente o projeto reformador de Francisco, recuperar o Concílio Vaticano II atualizado na Conferência de Medellín e contribuir para monitorar a "recepção" dos projetos de reforma nas instâncias intermediárias e na base da Igreja. Esse projeto faz seu um antigo aforismo, nascido em tempos de Lutero: *Ecclesia semper reformanda* (a Igreja sempre tem necessidade de ser reformada). O Concílio resumiu assim essa proposta: "A Igreja peregrina é chamada por Cristo a essa reforma perene. Como instituição humana e terrena, a Igreja necessita perpetuamente dessa reforma (UR 6)".

O Vaticano II se propôs a realizar uma ampla renovação e introduzir reformas na Igreja. Esse impulso renovador durou vinte anos. Desde 1985, sucederam-se acontecimentos e decisões que, de alguma maneira, detiveram o impulso renovador. Começou uma nova etapa, que o grande teólogo alemão Karl Rahner denominou de "inverno eclesial". Produziu-se o que alguns consideram um processo de restauração ou de volta ao passado. As reformas foram detidas ou adiadas. A eleição do Papa Francisco trouxe um novo ar para a Igreja e começou outra etapa, que alguns chamam de "uma nova primavera eclesial".

O Observatório Eclesial se propõe, como um objetivo eclesial, a observar, acompanhar e monitorar os discursos, decisões e sinais de Francisco, e ao mesmo tempo observar e monitorar o processo de recepção das reformas em nível hierárquico e no âmbito das Igrejas locais e das instâncias intermediárias, sem deixar de lado o efeito produzido nos governos e na opinião pública em geral.

A expressão "recepção" é um termo técnico muito significativo que se refere à maneira como os acontecimentos ou as decisões eclesiais – sejam concílios, sínodos, encíclicas, reformas etc. – são "recebidos", aceitos e aplicados na Igreja e na sociedade. Os três anos do Papa Francisco já nos dão uma perspectiva para uma análise e avaliação, mas coexistem distintas opiniões para ponderar o efeito real das reformas. Alguns vaticanistas afirmam que o papa encontra mais acolhida e adesão na opinião pública do que no interior da Igreja. Portanto, é necessário afinar o olhar e "observar" em cada país como se realiza esse proceso de recepção das reformas.

Este livro, que agora apresentamos, será de grande ajuda para realizar essa observação, pois nos apresenta os materiais para uma análise crítica. Na primeira parte, o livro se propõe a estudar os desafios e os obstáculos para a reforma da Igreja. No segundo momento, dá-se a conhecer o caminho já percorrido, as decisões e as reformas propostas e as que estão parcialmente se realizando. Na terceira parte do livro são enumeradas algumas das reformas que são necessárias e que, todavia, não foram abordadas. A leitura deste livro será muito instrutiva para todos os que se preocupam com e esperam o êxito deste pontificado. Oxalá o livro alcance grande divulgação.

Os temas apresentados nesta publicação mostram, ao mesmo tempo, o caminho para o futuro dos Observatórios Eclesiais. A história da Igreja mostra que as reformas sempre encontraram resistência e que os santos foram os principais reformadores. As reformas das estruturas e da instituição são necessárias e às vezes indispensáveis, mas nunca se pode duvidar que, paralelamente, é necessário impulsionar as reformas da práxis eclesial, a conversão pessoal e pastoral e, numa palavra, a mudança de coração. Os Observatórios estão chamados a observar e monitorar as reformas, mas também a chamar à conversão pessoal e pastoral, como pediu a Conferência de Aparecida e proclama insistentemente o Papa Francisco.

Considerando que o Papa Francisco tem uma idade avançada, muitos se perguntam por quanto tempo dirigirá o timão da barca de Pedro e quanto durará o seu impulso renovador. Alguns observadores indicam que existem setores da Igreja que esperam e rezam para que este pontificado seja curto. Os Observatórios Eclesiais não podem estar ligados somente a uma pessoa, precisam estar com os olhos postos no futuro. Não sabemos o que acontecerá na eleição do sucessor de Francisco, mas, fundamentados no princípio da sinodalidade e na ênfase no *sensus fidelium*, pelo atual papa sempre haverá espaço para colaborar na recepção das decisões papais com espírito crítico, realismo, alegria e esperança. Longa vida aos Observatórios Eclesiais.

INTRODUÇÃO

O Papa Francisco inaugurou na Igreja Católica uma nova primavera: com a sua eleição sentimos o frescor do Espírito Santo que renova e transforma os ambientes eclesiais na direção de uma Igreja que está a serviço. Sua insistência numa Igreja de portas abertas (EG 46) coloca a instituição em sintonia com o Concílio Vaticano II, disposta a fazer o diálogo com o mundo, com as ciências, com as Igrejas e com as religiões. As referências de Francisco ao Vaticano II mostram que ele não quer uma Igreja que seja autorreferencial: "Não quero uma Igreja preocupada com ser o centro, e que acaba presa num emaranhado de obsessões e procedimentos" (EG 49).

Francisco, com seu ministério de Bispo de Roma, traz um desafio em cada gesto e palavra que traz alento para quem quer construir uma Igreja solidária e acolhedora e, ao mesmo tempo, traz preocupação para aqueles setores da hierarquia que querem uma Igreja apegada ao passado. Por tudo isso, o ato de compreender o pontificado de Francisco exige não só uma atitude intelectual, mas também uma atitude de cumplicidade com a mensagem e as ações deste papa.

Este livro resulta da convergência dessas duas atitudes que orientaram as reflexões realizadas ao longo de mais de um ano no *Observatório Eclesial Brasil*, criado em 10 de março de 2015, em São Paulo, em resposta à provocação de Améríndia, grupo de teólogos latino-americanos. Ele é formado por leigos(as) e padres e religiosos(as) que têm por objetivo geral "acompanhar as decisões, os discursos e as reformas do Papa Francisco, bem como o processo de recepção dos mesmos nas Igrejas locais, nas comunidades e na sociedade de um modo geral".

Os textos que ora estão sendo apresentados, escritos por membros ativos e colaboradores do Observatório, procuram compreender a figura de Francisco, seu pensamento e as reformas que ele vem realizando na Igreja. Nas pegadas do Vaticano II (UR 6), ele tem insistido na necessidade de uma reforma permanente das estruturas que coloque a Igreja na dinâmica da missão (EG 27). Sua mensagem numa linguagem simples, mas com profunda densidade teológica, pode ser compreendida por todos, sem deixar de enfrentar os grandes desafios para a Igreja nos dias atuais.

Os dez textos presentes neste livro tratam de temas que o Observatório entende serem importantes no pontificado de Francisco e estão distribuídos em três grandes eixos que visam a captar as principais tendências da conjuntura eclesial:

• Na primeira parte – *Os desafios de uma reforma da Igreja* – estão reunidos textos que expressam os principais desafios para o atual pontificado: a recepção de sua mensagem renovadora, o tema da colegialidade e a necessidade da renovação da cultura eclesial. Depois de um período de vinte e três anos de inverno eclesial e de uma crise que afetou a Igreja Católica em vários aspectos, o grande desafio é impulsionar uma reforma que retome as principais intuições do Vaticano II e que a coloque em diálogo com as grandes aflições que afetam a humanidade nos dias atuais.

• Na segunda parte – *Caminhos e realizações* – os textos procuram analisar e avaliar os avanços nos três primeiros anos de pontificado de Francisco: a densidade teológica dos seus gestos, a sua leitura da Doutrina Social da Igreja, a sua insistência numa Igreja de misericórdia e os sinais proféticos do seu ministério. O carisma de Francisco tem sido o aglutinador das mudanças desejadas por ele e por muitos setores da Igreja Católica que desejam uma Igreja aberta e acolhedora. Esse carisma tem sido a tônica de uma renovação que, paradoxalmente, tem sido muito mais percebida por aqueles que estão fora da instituição.

• Na terceira e última parte – *As utopias, as defasagens e os silêncios* – os textos apresentados propõem-se a discernir as utopias que reflorescem neste momento eclesial com seus limites e possibilidades: os desafios da reforma da Igreja a partir do binômio instituição-carisma, a igualdade batismal de todos(as) os(as) cristãos(ãs) e a ética da misericórdia.

Para elaborar o Posfácio, convidamos o Pastor Walter Altmann, da Igreja Evangélica de Confissão Luterana do Brasil, ex-presidente do CLAI – Conselho Latino-Americano de Igrejas, e que é um observador atento do pontificado de Francisco.

Como se poderá perceber pela leitura desses textos, eles foram escritos com olhos postos no presente e no futuro da Igreja Católica. Expressam os sonhos e o compromisso de pessoas que desejam uma Igreja solidária com os pobres e capaz de anunciar uma mensagem de esperança e de alegria para o mundo. Como diz Francisco,

> sejamos realistas, mas sem perder a alegria, a audácia e a dedicação cheia de esperança. Não deixemos que nos roubem a força missionária! (EG 109).

EULÁLIO A. P. FIGUEIRA
WAGNER LOPES SANCHEZ
(organizadores)

I.
OS DESAFIOS DE UMA REFORMA DA IGREJA

A RECEPÇÃO DO PROJETO DO PAPA FRANCISCO

Fernando Altemeyer Junior

A proposta de Francisco e como está sendo recebida

Completamos em 19 de março de 2016 os três anos do fenômeno "Francisco". O Bispo de Roma tem focado sua ação na reforma de raiz em toda a Igreja, quer no campo simbólico, quer em seus componentes estruturais, apresentando uma nova perspectiva católica em suas viagens pastorais aos países periféricos, em seus encontros ecumênicos e de diálogo inter-religioso e em seu papel proativo no cenário da política internacional, tendo como critério a misericórdia e como tema central as condições de exclusão e exploração de milhões de refugiados, imigrantes e de todos os que habitam as periferias de nossa casa comum.

A mídia e os órgãos da imprensa internacional ainda veem Francisco como um enigma a ser decifrado. Procuram compreender a pessoa de Bergoglio e seu modo carismático de se exprimir, catalogando-o em esquemas ideológicos ou psicanalíticos. Talvez por isso tenha sido escolhido como a personalidade do ano de 2013 pela revista *Time*, e capa da *Rolling Stones* em 28/01/2014. Entretanto, até o momento o Papa Francisco escapa dos "cabides semânticos" da mídia internacional. É sintomático que tenha sido junto aos jornalistas, em 16/03/2013, recém-eleito papa, que ele expressou as expectativas pessoais para a Igreja Universal: "Cómo me gustaría una Iglesia pobre y para los pobres". Sentíamos ecoar profeticamente o sonho do Papa Roncalli e de Dom Helder Camara. Sua presença nas mídias interativas é forte. Usa o *Twitter* e o *Instagram*, atingindo mais de 15 milhões de seguidores. A preocupação maior de suas mensagens é com os novos escravos do capitalismo hegemônico: os imigrantes, as crianças em situação de guerra e os povos massacrados, como os habitantes da Palestina, do Iraque e da Síria.

Governantes ainda estão presos aos moldes da política vista como poder e hegemonia. Francisco parece ser um *outsider* e até mesmo um rebelde. Ou é visto como um revolucionário ou como um poeta sem pés na realidade do possível na economia marcada pelo domínio do mercado capitalista. Francisco, segundo os blocos de poder, seria alguém que não sabe o que são as relações econômicas efetivas entre povos e instituições. Ele não respeita as bolsas, as decisões dos imperialismos e especialmente contesta os senhores da guerra e os fabricantes de armas. A chave articuladora centrada no povo e em sujeitos autônomos não pode sequer ser compreendida por esses esquemas de política burocrática e estatal. Francisco está perto da sociedade civil e dos novos sujeitos emergentes em dezenas de movimentos sociais, logo não serve aos interesses hegemônicos de quem controla os aparelhos de Estado há mais de dois séculos, particularmente nos países-satélites dos imperialismos.

O clero católico, que pode ser quantificado em 2016 pelo pastoreio de 5.407 bispos atuantes (entre os quais 216 cardeais), 414.313 presbíteros – sendo 279.561 sacerdotes diocesanos e outros 134.752 sacerdotes religiosos –, 42.104 diáconos casados permanentes e 120.051 seminaristas maiores, foi moldado nos últimos 38 anos pelo pensamento da cristandade nos pontificados de São João Paulo II e do Papa emérito Bento XVI. São quase seis gerações de clérigos em ação nas paróquias, movimentos eclesiais e dioceses do mundo, com uma mentalidade conservadora e burocratizada. São padres de outro modelo de Igreja que precisa converter-se caso pretenda falar aos jovens, às sociedades emergentes, e marcar presença ativa no mundo em mutação. Muitos desses clérigos mal conseguem compreender ou entrar em sintonia com a música e a dança do novo bispo de Roma, salvo honrosas exceções. A grande maioria dos clérigos se acomodou aos modelos centralizadores, dando respostas doutrinárias aos problemas da vida. O livro de cabeceira é o Código de Direito Canônico, antes e muitas vezes acima do Evangelho de Jesus Cristo. Sabem lidar com a lei, a ordem e a instituição fechada. Têm receio de assumir um novo modo de ser Igreja e uma nova maneira de ser pastor que use da misericórdia, sem julgamentos nem distância dos fiéis e da imensa massa de infiéis. Poucos se veem assumindo a nova roupagem pastoral do século XXI. Esperam inercialmente que o vendaval "bergogliano" passe para voltarem aos tempos inerciais do poder eclesiástico inconteste, na ação de funcionários dóceis na máquina religiosa autorreferenciada.

1,272 bilhão de fiéis, parte dos outros cinco bilhões de seres humanos partícipes de credos não cristãos – particularmente da fé muçulmana – e o bilhão de ateus e agnósticos têm visto com bons olhos este homem vivaz e transparente que veio do fim do mundo sempre a pedir que se reze por ele. O Papa Francisco faz o que fala e fala o que crê. Essa coerência em um homem religioso livre parece algo paradoxalmente inédito depois das décadas de escândalos financeiros e de pedofilia que contaminaram até mesmo o centro curial da Igreja Católica no Vaticano. O imenso número de batizados é acompanhado pelos clérigos e por 3.170.643 catequistas, 362.488 missionários leigos, 55.314 irmãos religiosos e uma imensa rede de mulheres consagradas, que são atualmente 702.529 irmãs ou religiosas com votos perpétuos. Entre 2005 e 2014, o número de católicos batizados aumentou em ritmo maior que o do crescimento populacional no mundo: + 14,1% diante de + 10,8%, excetuando-se a Oceania.

O continente africano é o mais dinâmico. O ritmo de crescimento dos batizados ultrapassa 40%, ainda que a população africana cresça ao ritmo de 23,8%. Os católicos africanos representam 17% de todos os católicos do mundo. O continente africano conta com 66 seminaristas para cada cem presbíteros, o que indica uma renovação geracional ativa. A Europa, ao contrário, conta só dez seminaristas para cada cem sacerdotes, o que indica um envelhecimento veloz. O fenômeno atinge mais os religiosos que os diocesanos. A Europa perde pouco a pouco o seu protagonismo centralizador de 1500 anos, pois o clero é idoso e fragilizado. A novidade deste século reside na América Latina e em muitos países africanos. E já desponta com vigor a Igreja no Extremo Oriente, em particular nas Filipinas e na Coreia do Sul. Novos sujeitos eclesiais e novas culturas emergentes exigem e precisam de novos rostos eclesiais.

Padre José Marins coloca o dedo na ferida eclesial ao diagnosticar:

> Estamos esbanjando recursos eclesiais – pessoal, tempo, meios – dedicando-nos a um medíocre atendimento devocional, sacramental e administrativo. Não sabemos como ir aos que perderam contato sistemático com a organização religiosa. A eles costumamos dar sobras de nosso tempo. Subsiste a tradição eclesial de dar aos ministros ordenados poder total. O que eles não alcançam entender ou acompanhar não entra na pratica eclesial. Isso determina a impossibilidade de um dinamismo missionário. A estrutura eclesial contemporânea por si mesma não está sendo missionária. Nos últimos vinte anos se repete a consigna de uma "nova evangelização", nova nos seus métodos, no seu conteúdo etc. É o que se desejaria, mas não foi possível. Seria mais fácil pedir a um cavaleiro medieval revestido de armadura pesada lançar-se à piscina e ganhar um campeonato olímpico de natação. (Será preciso) reconstruir as bases eclesiais mais que delegar tarefas, descentralizar atividades que os ministros ordenados não estão alcançando assumir. São tarefas urgentes: criar comunidades vivas e participativas; bases para a prática quotidiana da fé e do testemunho. Privilegiar contatos pessoais mais do que multitudinários. Mudar eventos em processos. Inimigos em aliados (MARINS, 2012, p. 86-87).

Os fiéis muçulmanos fazem jejum de Ramadá por amor ao Papa Francisco. Judeus se emocionam e se sentem cada vez mais fraternos do irmão menor que diz que os ama e que é preciso agir juntos em favor da justiça e da liberdade, tão caros ao povo bíblico. Líderes hindus e budistas encontram sintonia em seu chamado para cuidar da casa comum e viver interligados como seres conectados. Até líderes agnósticos e ateus se sentem comovidos pelo olhar de Jorge Mario Bergoglio, que tem se empenhado junto aos líderes de inúmeras religiões na causa da paz e na defesa dos povos marcados pela guerra, particularmente os sírios, os palestinos e os ucranianos. São frequentes e fraternos os encontros com patriarcas ortodoxos, de maneira especial o Patriarca ecumênico Bartolomeu I, e as reuniões fraternas com luteranos, metodistas, anglicanos, judeus, islâmicos, Exército de Salvação, siro-antioquenos, pentecostais, evangélicos, reformados, religiões sino-nipônicas, budistas, hindus e outros.

Os encontros são sempre marcados pela simplicidade impactante, como vimos nos Estados Unidos, quando de sua visita ao Congresso, quando do encontro com o líder cubano Raul Castro, ou, ainda, em seus encontros com o presidente norte-americano Barack Obama, e mesmo nas tensões com os líderes políticos da América, Ásia ou África. A cruz dos cristãos perseguidos e mortos em inúmeros países por *jihadistas* ou milícias de governos ditatoriais permitiu um encontro inédito, em Havana, Cuba, do Papa Francisco com o patriarca ortodoxo russo Santidade Kiril I, depois de quase mil anos de cisão e escandalosa divisão entre cristãos.

A reforma é tarefa ampla e difícil

O Papa Francisco, Jorge Mario Bergoglio, foi eleito no conclave de 13 de março de 2013 para superar um modelo e propor a reforma da Igreja por dentro e para além de superficialidades e fachada. Francisco não veio caiar as paredes, mas verificar os fundamentos, retomando a leveza do Evangelho na ação de uma Igreja pobre e dos pobres. E levar a sério a vida concreta das pessoas. Diz a exortação apostólica *Amoris Laetitia*: "Por isso exige-se a toda a Igreja uma conversão missionária: é preciso não se contentar com um anúncio puramente teórico e desligado dos problemas reais das pessoas" (201).

Uma mudança importante passa pela desburocratização da ação pastoral qualificando os meios e os sujeitos das Igrejas locais e da Cúria Romana. Francisco exprime sua reforma eclesial como ação permanente de mudança e saída:

> Sonho com uma opção missionária capaz de transformar tudo, para que os costumes, os estilos, os horários, a linguagem e toda a estrutura eclesial se tornem um canal proporcionado mais à evangelização do mundo atual que à autopreservação. A reforma das estruturas, que a conversão pastoral exige, só se pode entender neste sentido: fazer com que todas elas se tornem mais missionárias, que a pastoral ordinária em todas as suas instâncias seja mais comunicativa e aberta, que coloque os agentes pastorais em atitude constante de "saída" e, assim, favoreça a resposta positiva de todos aqueles a quem Jesus oferece a sua amizade. Como dizia João Paulo II aos Bispos da Oceania, "toda a renovação na Igreja há de ter como alvo a missão, para não cair vítima duma espécie de introversão eclesial" (EG 27).

A organização da Igreja Católica se expressa em doze patriarcados (dois na África, dois na Europa e oito na Ásia), 610 arquidioceses ou sedes metropolitanas, 2.113 dioceses, 44 prelazias territoriais, dez abadias *nullius*, 25 exarcados de ritos orientais, 36 ordinariatos militares, 87 vicariatos apostólicos, onze prefeituras apostólicas, oito administrações apostólicas, oito missões independentes – *sui iuris*, além de uma imensa rede subterrânea de 132.642 centros missionários e 221.740 paróquias territoriais e ambientais. Há todo um ramo organizado de ação social e educativa articulado em 71.188 creches frequentadas por 6.728.670 crianças; 95.246 escolas de ensino fundamental para 32.299.669 alunos; 43.783 escolas de ensino médio para 18.869.237 alunos e 2.381.337 alunos do ensino superior; e 3.103.072 estudantes das universidades católicas. A ação filantrópica e sanitária dos cristãos católicos se organiza em 5.167 hospitais católicos, 15.699 casas para pessoas idosas, 10.124 orfanatos, 11.596 enfermarias, 14.744 consultórios de orientação familiar e 115.352 institutos beneficentes e assistenciais. Certamente que o que mais se vê é a estrutura bimilenar da Santa Sé e os organismos da Cúria Romana. A rede é imensa e impressiona a todos os que a conhecem por dentro. A questão que fica é: esta estrutura transforma as vidas dos fiéis católicos ou simplesmente mantém o *status quo* reinante dos que ocupam cargos de poder? Esta sua institucionalidade histórica e mutável é capaz de penetrar os nervos gestores das sociedades em que está imersa e é capaz de fazer emergir os melhores valores dos povos a quem está a serviço ou todo esse imenso "exército humano" permanece como um estranho no ninho, que deveria cuidar e alimentar para a vida em autonomia segundo os critérios evangélicos? Evangeliza a cultura, as bases econômicas e a política em favor da liberdade, da paz, da justiça e da solidariedade ou nada faz, mantendo as fronteiras internas? É preciso seguir o caminho de Deus, que é Amor Universal. Afirma claramente o Papa Francisco na exortação apostólica *Amoris Laetitia*:

> Em toda e qualquer circunstância, perante quem tenha dificuldade em viver plenamente a lei de Deus, deve ressoar o convite a percorrer a *via caritatis*. O mesmo ensina também Santo Agostinho: "Tal como, em perigo de incêndio, correríamos a buscar água para o apagar [...]", o mesmo deveríamos fazer quando nos turvamos, porque, da nossa palha, irrompeu a chama do pecado; assim, quando se nos proporciona a ocasião de uma obra cheia de misericórdia, alegremo-nos por ela como se fosse uma fonte que nos é oferecida e da qual podemos tomar a água para extinguir o incêndio (AL 306).

Uma verdadeira reforma começa no miúdo e nas bases se quiser ser permanente e frutífera. A reforma tão somente da Cúria Romana seria algo cosmético e facilmente revisto em um próximo papado. O que se pretende é mexer nos pés da Igreja e não somente em seu solidéu. Uma reforma sem mística e sem buscar raízes na patrística e nos Evangelhos seria uma falsa reforma. Para este papa jesuíta, os modelos de santidade e ação missionária são uma preciosa bússola na condução das Igrejas e em sua própria reforma permanente. Francisco reconheceu publicamente 833 santos canonizados e outros 974 bem-aventurados, tornando-se o papa que mais santos incluiu no livro dos santos em toda a história da Igreja Católica. Em 19/10/2014, fez beato o Papa Paulo VI. Quanto ao Brasil, ofereceu dois presentes: canonizou Padre Anchieta, em 03/04/2014, e beatificou Madre Maria Assunta Caterina Marchetti, em 25/10/2014. Um recorde para um mundo sedento de santidade transparente interlocutora dos empobrecidos e de seus movimentos sociais de transformação. Aprovou o decreto de martírio cruento de Dom Óscar Arnulfo Romero y Gadamez, passo central para sua beatificação. A direita católica, especialmente de El Salvador e dos Estados Unidos, o criticou duramente por ver nesse gesto uma aprovação explícita à Teologia da Libertação e aos seus teólogos eminentes, como Gustavo Gutiérrez, Ignacio Ellacuría e Jon Sobrino. Canonizou o Papa João Paulo II e, simultaneamente, o Papa João XXIII. Está prevista para setembro de 2016 a canonização da Beata Madre Teresa de Calcutá. Alguns peritos afirmam que ele fará as canonizações equipolentes de muitos mártires da América Latina e a canonização do Beato Charles de Foucault. O Brasil espera ansioso pelas canonizações da Irmã Dulce dos Pobres e de Dom Luciano Mendes de Almeida.

Viagens, documentos e discursos como uma reforma em pílulas

A primeira viagem, de 22 a 29/07/2013, ao Rio de Janeiro, foi para participar da XXVIII Jornada Mundial da Juventude e de pequena visita ao Santuário Nacional de Aparecida, ambas marcadas por constantes quebras de protocolo. "Francisco parou o cortejo na direção da Favela Varginha, no Rio de Janeiro, e rezou com pentecostais que estavam na porta de seu templo" (PASSOS, 2016, p. 37). E ainda mais: ao visitar uma casa de recuperação de jovens dependentes, falou aos bispos de forma contundente, sobretudo ao dizer que não era juiz de condenação de quem vive a homossexualidade: "Si una persona es gay y busca al Señor y tiene buena voluntad ¿quién soy yo para juzgarla?". O Brasil descobria, encantado e feliz, o rosto sereno de um bispo pastor com cheiro de ovelhas e portador de uma paterna maternidade pelos fracos e depressivos.

Fez dez viagens dentro da Itália: Lampedusa, em 8/07/2013; Cagliari, em 22/09/2013; Assis, em 04/10/2013; Campobasso e Isernia, em 05/07/2014; Caserta, em 26/07/2014; Cassiano all'Ionio, em 21/06/2014; Redipuglia, em 13/09/2014; Prato e Firenze, em 10/11/2015; Turim, 21 e 22/06/2015; e Pompeia e Nápoles, em 21/03/2015. As viagens internacionais levaram o papa a dezenove países: Israel (Jerusalém, 24 a 26/05/2014); Coreia do Sul (13 a 18/08/2014); Albânia (21/09/2014); França (Estrasburgo, Parlamento Europeu, em 25/11/2014); Turquia (28 a 30/11/2014); Sri Lanka e Filipinas (12 a 19/01/2015); Bósnia e Herzegovina (Sarajevo, em 06/06/2015); Equador, Bolívia e Paraguai (5 a 13/07/2015); Cuba e Estados Unidos e sede da ONU (19 a 28/09/2015); Quênia, Uganda e República Centro Africana (25 a 30/11/2015); México (12 a 18/02/2016). Tem programadas viagens para Polônia – durante a Jornada Mundial da Juventude –, Colômbia, Argentina, Chile, Uruguai, Armênia, Geórgia e Azerbaijão. O Brasil está em uma agenda não oficial para celebrar os 300 anos da Virgem Aparecida em 2017. Podemos sonhar com alguma visita especial a Moscou e a Pequim.

A celebração pela paz nos jardins do Vaticano, tendo como convidados o presidente de Israel, Shimon Peres, e o líder da Autoridade Palestina, Mahmoud Abbas, em 08/06/2014, plantando uma oliveira, foi mais forte que dezenas de documentos diplomáticos. Francisco foi, certamente, uma figura central para o acordo diplomático entre Estados Unidos e Cuba, no dia 17/12/2014, suspendendo o bloqueio de 53 anos. Tem realizado ampla ação diplomática junto aos líderes chineses. Sua fala contra a xenofobia na Europa é enérgica, mas rejeitada pelos grupos da ultradireita dentro e fora da Igreja. As viagens internacionais fizeram Francisco ser visto pessoalmente por 18 milhões de pessoas no ano de 2014.

Na primeira Semana Santa por ele presidida em Roma, fez questão de romper com moldes anteriores, celebrou a Missa da Ceia do Senhor da Quinta-Feira Santa no Instituto Penal de Menores *Casal del Marmo* e lavou pessoalmente os pés de doze jovens de diferentes nacionalidades, entre os quais duas mulheres, e uma delas muçulmana.

Francisco, até o momento da realização desta pesquisa, já pronunciou 628 discursos, fez 180 homilias, escreveu quinze constituições apostólicas, 99 cartas, 31 cartas apostólicas, nove moto-próprios, acolheu milhares de peregrinos em 124 audiências gerais, e presidiu 282 celebrações na Casa Santa Marta, em Roma. Visitou onze paróquias da Diocese de Roma, como seu pastor diocesano. Rezou 168 *Angelus*, inaugurou o Ano da Misericórdia conectando os dramas humanos como responsabilidade central de cada batizado. Fez publicar, em 8 de abril de 2016, a exortação apostólica pós-sinodal sobre a família *Amoris Laetitia* ["A alegria do amor"], datada de 19 de março de 2016.

Lançou, em 24/11/2013, sua exortação apostólica *Evangelii Gaudium* ["A alegria do Evangelho"], que é o seu programa de ação, tornando ação tudo o que fora decidido no Concílio Vaticano II – todas as recomendações pentecostais que haviam permanecido ocultas durante o inverno eclesial de 45 anos que a Igreja viveu entre 1968 e 2013. Proclama agora, em alto e bom som, a colegialidade em todos os níveis e serviços pastorais, defende os teólogos em suas pesquisas de inteligência da fé vivida e celebrada, acredita na opção pelos pobres e vive diariamente o que foi decretado pela constituição dogmática *Dei Verbum*, do Concílio Vaticano II, como o autêntico motor da reforma da Igreja em favor de todos os batizados e da vida humana. Escreveu duas encíclicas: a primeira, promulgada em 29/06/2013, *Lumen Fidei*, escrita a quatro mãos com o Papa emérito Bento XVI. A segunda, *Laudato Si'*, sobre o cuidado da casa comum, de 24/05/2015, publicada em 18/06/2015, centrada na ecologia integral e assumindo o olhar da complexidade ao ver de modo novo as inter-relações entre o mundo criado, o Deus Criador e a urgente ação cuidadora dos humanos diante da irmã e mãe, a Terra.

Um marco original e programático de suas reformas está situado em sua viagem à ilha de Lampedusa (Itália), como resposta efetiva aos imigrantes e refugiados mortos por afogamento no mar Mediterrâneo quando buscavam chegar à Europa por meio desta ilha em barcaças de traficantes e piratas internacionais de vidas humanas. Seu clamor contra a indiferença do mundo e particularmente contra os governos europeus ressooou em todo o planeta e nas manchetes das redes sociais. Francisco não perde seu amor explícito aos pobres ao clamar por justiça ao lado do muro da vergonha entre Israel e Palestina e ao colocar em xeque a política xenófoba dos americanos de fortalecer muros em lugar de construir pontes quando de sua presença diante do muro na fronteira do México com os Estados Unidos, enfim, quando, irmanado ao Patriarca Bartolomeu, expressa o amor das Igrejas cristãs aos refugiados sírios que chegam desesperados à ilha de Lesbos, na Grécia.

Quanto às mudanças da estrutura do Vaticano e da Santa Sé, vemos que o Papa Francisco tem sido extremamente prudente, o que tem desanimado muitos que esperavam alguma ação mais efetiva e ágil. De toda maneira, já tomou algumas medidas na reforma da Cúria Romana, criando um grupo de nove cardeais – conhecido como o G-9 –, para ajudá-lo no governo da Igreja e no saneamento das finanças da Santa Sé apostólica. Uma das ações esperadas é um enxugamento e a simplificação da máquina curial romana, reunificando os atuais doze Conselhos Pontifícios em dois: "Leigos-Família-Vida" e "Caridade-Justiça". Resta saber se as Conferências Episcopais ganharão o destaque sinodal que precisam para servir ao Evangelho e se os órgãos da Cúria Romana serão apoio de comunhão e inter-relação entre as Igrejas e os missionários mais do que grupos e monsenhores tutelando o controle ideológico e produzindo dezenas de relatórios numéricos para justificar a ascensão às carreiras eclesiásticas como diplomatas ou canonistas especializados.

O papa instituiu uma comissão específica para a proteção da infância em face dos abusos sexuais e crimes de pedofilia, e desta comissão pontifícia fazem parte algumas das vítimas de abusos sexuais realizados por sacerdotes e prelados católicos. O que se espera, ainda, é uma maior descentralização, valorizando os bispos e as dioceses, e uma maior consciência colegial do episcopado para manifestar a catolicidade das Igrejas. Alguns passos foram dados quanto à nulidade matrimonial e ao papel dos tribunais de primeira instância. Foram criados um Conselho e uma Secretaria de Estado de Economia e foi realizada uma auditoria externa para verificar a duplicidade de serviços e, eventualmente, desvios financeiros por falta de transparência. Algumas medidas internas tomadas nestes três anos: limitar o número de títulos honoríficos na instituição católica; criação de uma nova comissão de controle do Instituto para as Obras de Religião (IOR); e a nomeação de dezenove cardeais, em 20/02/2014, e de vinte cardeais, em 15/02/2015, sendo 31 eleitores e oito eméritos. O atual Colégio de Cardeais comporta 116 eleitores. Deve concretizar a reforma estrutural da Cúria Romana, tornando-a ágil e de serviço efetivo de comunhão entre as Igrejas. Convocou um Sínodo extraordinário sobre a família, realizado no Vaticano de 5 a 19/10/2014, e consultou, por meio de um questionário global, a real situação das famílias, as relações homossexuais, o drama do divórcio e demais questões do mundo atual, além de presidir e permitir plena liberdade aos padres durante o Sínodo ordinário sobre a família em outubro de 2015. Pediu aos bispos, como pastores de famílias concretas, que falassem abertamente e sem restrições.

Francisco comenta, em 22/12/2014, aos funcionários vaticanos um catálogo de quinze doenças que afligem a Cúria Romana, entre as quais o Alzheimer espiritual, a divinização dos chefes e o exibicionismo. Uma nova forma de governar, do jeito de Jesus, se fez realidade pelo governo desse novo papa. Como ele diz constantemente: "Reconhecer-se pecador é uma graça". Francisco se assume como um singelo *world's parish priest* [pároco do mundo], próximo das pessoas, porém, com o olhar panorâmico de um companheiro de Santo Inácio de Loyola.

É preciso lembrar o até então inédito encontro em Roma, de 27 a 29/10/2014, de duzentos representantes de organizações populares convidados por Francisco para analisar as causas da exclusão social. Do Brasil, estiveram presentes o secretário-geral da Conferência Nacional dos Bispos do Brasil (CNBB), Dom Leonardo Steiner, e o dirigente do Movimento dos Trabalhadores Rurais Sem Terra (MST), João Pedro Stédile. O único presidente convidado foi o da Bolívia, Evo Morales. Os temas debatidos com o Papa Francisco foram: pão, terra e moradia. O encontro será amplificado na Bolívia quando da visita papal ao centro do continente em 09/07/2015, agora com numerosas lideranças indígenas, camponesas e populares de muitos países e continentes tecendo uma rede da sociedade civil em favor de um novo modo de viver e produzir a vida.

A Igreja está sendo reformada por Francisco em seu corpo e mesmo nas disposições de seu coração. As preces insistentes de Francisco tocam o Espírito Santo para que este faça a obra florescer na primavera cultivada pelas mãos dos pequenos. Essa Igreja Mãe deve cuidar de cada fiel com amor misericordioso. Diz a exortação apostólica *Amoris Laetitia*: "Ninguém pode ser condenado para sempre, porque esta não é a lógica do Evangelho! Não me refiro só aos divorciados que vivem numa nova união, mas a todos, seja qual for a situação em que se encontrem" (297). Assim se pode cantar a melodia nascida no sertão do Mato Grosso pela voz e pensamento de Luiz Augusto Passos:

> Canta, Francisco, com a voz dos pobres,/ Tudo o que atreveste a mudar/ Canta novo sonho, sonho de esperança/ Que a liberdade vai chegar/ Canta, Francisco, com a voz dos pobres/ Tudo o que atreveste a mudar/ Canta novo sonho, sonho de menino/ Novo céu e terra vai chegar.

O que ainda falta reformar?

O professor Ênio Brito comenta a realização do Concílio Vaticano II e diz que "João XXIII deixou claro duas exigências para os padres conciliares: tornar a Igreja ecumênica e mais próxima da vida de homens e mulheres, o que implicava ampla renovação, uma ampla reforma" (BRITO, 2015, p. 813). Revendo os passos dados nos cinquenta anos posteriores, entre as marchas e as contramarchas ainda está por assumir o desafio "de repensar uma nova antropologia cristã que traga no seu bojo uma renovada compreensão da missão. Só assim ela será capaz de revelar ao mundo atual o gesto amoroso e totalmente livre de Deus para com a humanidade" (BRITO, 2015, p. 816). A reforma passa por uma ação de leigos e de leigas como protagonistas eclesiais. Este será um câmbio estrutural de sujeitos históricos e eclesiais que precisará vencer o atual modelo clericalizado e centralizador. Afinal, como diz Comblin, estudando os processos religiosos na América Latina e no Caribe,

> a evangelização não foi feita pelo clero, e sim pelos leigos. O clero manteve uma superestrutura, sobretudo urbana, que pouco teve que ver com a fé e a evangelização. Era, sobretudo, uma estrutura cultural e política. Se a tradição é a evangelização pelos leigos, o que significa o retorno à tradição? (COMBLIN, 1990, p. 60-61).

Padre José Marins analisa que uma das potencialidades da reforma passa por uma nova prática e um novo lugar das mulheres na Igreja Católica. Comentando uma série de limitações do Concílio Vaticano II, diz:

> Apesar de as mulheres representarem grande e significativa presença na vida das paróquias, CEBs e grupos eclesiais, nos distintos ministérios elas não foram mencionadas adequadamente; nesse particular, a linguagem conciliar nunca foi inclusiva. Não se aprofundou sobre o papel da mulher na Igreja, a presença delas na sala conciliar só aconteceu no fim do Concílio (2015, p. 91).

O modelo eclesial masculinizado e muitas vezes misógino precisa dar lugar a uma Igreja de comunhão e participação de mulheres e homens, filhos e filhas de Deus Pai e irmãos e irmãs de Jesus. Isso já ocorre em outras confissões e tradições cristãs e fez parte da Igreja apostólica, portanto, é exequível e necessário.

Certamente, a maior tarefa reformadora será sempre aquela de viver de forma livre, alegre e coerente o Evangelho de Jesus em cada vida pessoal e na ação enzimática no meio do caldo de cultura de um povo. Ao viver a radicalidade da prática de Jesus sem concessões ao poder e ao dinheiro, estaremos convertendo a Igreja e cada fiel. O Padre belga José Comblin dizia com esperança:

> Deus não atrai os homens por impressões agradáveis, mas sim oferece aos homens a imagem de Jesus crucificado. Numa palavra, o evangelho é o anúncio de um reino de Deus que se constrói na terra dentro de uma Igreja organizada, dentro da harmonia dos dons espirituais e sob a vigilância dos apóstolos. Não consiste numa pura espontaneidade, e sim num esforço comum para construir uma comunidade fraterna. Não consiste numa explosão de experiências subjetivas, por interessantes que elas sejam, mas na aprendizagem da cruz de Jesus e de todas as repercussões práticas da cruz de Cristo (1980, p. 128).

Referências bibliográficas

BRITO, Ê. J. da C. Verbete: Reforma da Igreja. In: PASSOS, J. D.; SANCHEZ, W. L. (org.). *Dicionário do Concílio Vaticano II*. São Paulo: Paulus/Paulinas, 2015.

COMBLIN, J. *Evangelizar*. Petrópolis: Vozes, 1980.

_____. Evangelização na atualidade. In: VV. AA. *América Latina;* 500 anos de evangelização. Reflexões teológico-pastorais. São Paulo: Paulus, 1990.

MARINS, J. *Fomos a um concílio*. A surpresa do Vaticano II. São Paulo: Paulus, 2015.

_____. *Um concílio a ser inaugurado?* Botucatu: Gráfica e Editora Tipomic, 2012.

PASSOS, J. D. *A Igreja em saída e a casa comum*. Francisco e os desafios da renovação. São Paulo: Paulinas, 2016.

FRANCISCO E A COLEGIALIDADE

Dom Celso Queiroz

Desde seu anúncio, o Concílio Vaticano II foi fonte de esperança para a Igreja. Mesmo após seu término, nos tempos em que os ventos sopravam ao contrário, os cristãos conscientes não abandonaram a atitude de espera, buscando sempre sinais de esperança no horizonte. É verdade que não foi fácil essa continuada vigília contra a tentação dos que tinham o Concílio não como caminho aberto, mas como ponto de chegada. Não se tratava simplesmente de um ponto ou outro em que as coisas pareciam retroceder depois de promissor avanço. Mais que isso, era a tentação de entrar num clima escuro e morno, do qual o Concílio nos havia convidado a sair. Não foi fácil, sobretudo para os teólogos, os pensadores cristãos e os pastoralistas. Não foi fácil para os bispos do pós-Concílio. Foi particularmente difícil para as Conferências Episcopais, que, pelo Concílio, foram vistas como especial instrumento de vivência da colegialidade episcopal. Não, porém, que o tempo pós-Concílio tenha sido algo como um tempo "contra-Concílio". O que aconteceu foi que foram se fechando as frestas que prometiam início de luz promissora, de novos espaços e horizontes. Foi morrendo aquele clima de alegria e confiança que o bom Papa João trouxera e, pelo Concílio, quis infundir em toda a Igreja e mesmo acenar para o mundo como promessa. Às vésperas do Concílio, não eram poucos os cristãos que se achavam desencontrados e suspiravam por algo novo. Muitos católicos esbarraram em casos emocionantes. Entre eles, a história de um padre ainda jovem, professor universitário brilhante. Diagnosticado como portador de um câncer violento e incurável, dizia: "Eu vou morrer, mas vocês que forem ao meu sepultamento saibam que eu lá estarei sob protesto, porque agora é que começava a dar gosto ser Igreja".

Com o Papa Francisco está acontecendo algo semelhante: está de novo dando gosto de ser Igreja. A esperança começou a voltar e, com ela, a alegria, a luz e a segurança de que vale a pena retomar o caminho e ir adiante. É necessário ir adiante porque o Concílio indicou novas direções, mas para abrir novos caminhos é preciso tempo. É o que acontece com a colegialidade episcopal. *Lumen Gentium* explicita o lugar e a missão dos bispos na Igreja. O bispo é aquele a quem foi confiada uma porção da Igreja Universal para que a apascente em união com seu presbitério. Igreja é gente, por isso, de propósito, o Concílio "usa a palavra porção" e não a palavra "parte", para evitar que se identifique Igreja como um território. O bispo, pois, é, antes do mais, bispo de uma Igreja particular (diocese), mas, em conjunto com os outros bispos, forma o Colégio Episcopal, que tem como chefe e cabeça o papa. O Colégio, com seu cabeça, tem o poder supremo e pleno sobre a Igreja universal. Esse poder que os bispos exercem em nome de Cristo é próprio, ordinário e imediato (LG 27).

Na verdade, até agora a Igreja só conseguiu definir algumas maneiras concretas de realização dessa colegialidade dos bispos entre si e dos bispos com o papa. Não é fácil abrir caminhos concretos que possibilitem o exercício do poder supremo do papa sem anular o poder do Colégio Episcopal. O mesmo se diga do exercício real do poder do Colégio sem diminuir ou anular o poder do papa. O concílio ecumênico é o meio excelente de realizar isso, embora não seja necessária nem possível sua constante realização.

O mesmo Concílio, porém, lembra as Conferências Episcopais nacionais como meio excelente de realização da colegialidade episcopal. Igualmente as Assembleias Episcopais Regionais, como a última, da América Latina e do Caribe (2007 em Aparecida), da qual o

Papa Francisco (então Bispo de Buenos Aires) foi o coordenador da equipe de redação dos textos finais. Conferências como essas estão no caminho da colegialidade. Não ajuda em nada, porém, quando o texto final, votado pela Assembleia, palavra a palavra, é corrigido e modificado pelo "papa", evidentemente por um ou alguns assessores mais afoitos e de orientação bem definida. O mesmo aconteceu nas Assembleias de Puebla e Santo Domingo. Nem é leal o presidente do Plenário tentar serenar os participantes garantindo que "não se mudou nada de importante... Teria sido apenas uma questão de vírgulas...".

Com um hábito positivo herdado do 1º Plano de Pastoral (P.P.C. 1962), a cada quatro anos, a Igreja no Brasil define novas diretrizes pastorais. É um tempo em que o maior número de instituições e organismos eclesiais, sobretudo aqueles que representam as várias categorias do Povo de Deus (leigos e leigas, religiosos e religiosas e presbíteros), é consultado sobre os caminhos que a Igreja deve tomar. Nunca o papa sentiu necessidade de corrigir alguma coisa nessas diretrizes. Pelo contrário, nos anos mais difíceis o Papa João Paulo II, em encontro com os bispos brasileiros na visita a Natal, referiu-se às novas diretrizes, publicadas havia pouco tempo, como "um documento de difícil e raro equilíbrio".

Outras Igrejas têm optado por realizar sínodos diocesanos ou participar de sínodos regionais. O mérito maior de adotar uma metodologia permanente de planejamento pastoral está na sequência do trabalho, evitando o risco de grandes promoções que podem encobrir a ausência de um trabalho permanente de maior compromisso. Permito-me transcrever aqui parte de um artigo que escrevi para a revista *Concilium*, número 353 (2013/5):

> Quando o Concílio Vaticano II rumava para seu final, emergiu o consenso entre os participantes de que, para tornar efetiva a ação do Colégio Episcopal com o papa à sua frente, o canal seria um organismo

sinodal permanente de bispos. A ideia, porém, ficou reduzida a uma reunião periódica prevalentemente de estudo, com valor meramente consultivo de ajuda ao papa. Não realiza a intenção do Concílio.

O órgão que realmente tem funcionado para o governo central da Igreja espalhada em todo o mundo é a Cúria Romana. Ora, a Cúria Romana, com sua extensão e seu poder atual, é consequência de um conceito de Igreja, de uma eclesiologia exclusivamente centralizada na pessoa do papa como garantia de unidade. É possível que em alguns momentos históricos, de um passado já longínquo, de fato uma centralização jurídica tão compacta tenha beneficiado a unidade da Igreja. No entanto, justo no começo da maior centralização, no começo do segundo milênio, um dos resultados foi o trauma e a dilaceração entre Ocidente e Oriente. Hoje, claramente tal centralização se tornou disfuncional. É impossível que o governo centralizado da Igreja não seja cercado e condicionado por uma extensa burocracia que o submete aos riscos característicos de toda burocracia, como, por exemplo, lutas pelo poder, carreirismo, corrupção, sonegação de informações, lentidão e empecilho a novos caminhos. Na Igreja, há um risco em acréscimo, que é fatal: a confusão entre burocracia e hierarquia sacerdotal, que acaba sacralizando, portanto, tornando quase "intocável", como tudo o que é sacro, a própria burocracia. Demais, que sentido teológico há em transformar o episcopado, sacramento cuja riqueza foi iluminada pelo Concílio em grau de carreira burocrática?

A centralização, pois, é a questão por detrás da inflação da Cúria Romana. A centralização foi adotada como garantia da unidade da Igreja presente nas várias culturas e regiões do mundo. A centralização já foi maior, o Concílio já possibilitou passos para sua redução, mas é necessário avançar mais, fazer o caminho inverso ao do centro para as diversas regiões. É necessário que das diversas regiões conflua realmente a diversidade cultural de expressões em direção ao centro, numa real catolicidade. Também não é aceitável o veto à busca de novas expressões e caminhos pastorais e, ao mesmo tempo, voltar atrás e ressuscitar ritos antigos, em língua morta, com linguagens estranhas às culturas atuais. A unidade da Igreja não está numa língua e numa cultura do passado, que deve ter seu lugar de honra em nossos museus. A unidade da Igreja se situa muito mais profundamente na unidade da fé e das coisas essenciais que decorrem da fé comum. Garantida a unidade no que é necessário por cultivar o essencial, o mais deve ser confiado aos bispos através das Conferências Episcopais de cada país ou região, sem necessidade de outra aprovação que a dos bispos.

O Concílio propiciou aos episcopados das várias nações a oportunidade de um contato que nunca havia existido entre os bispos no mundo moderno. Com o Concílio, os bispos aprenderam que eles não são apenas cabeça de uma Igreja local ou particular, mas são corresponsáveis pela Igreja universal. Aprenderam, assim, como testemunhou de forma contundente Dom Helder Camara, que são bispos "católicos". Terminado o Concílio, foi crescendo, por exemplo, o hábito de se convidar bispos do então chamado Terceiro Mundo para falar às Igrejas das regiões mais desenvolvidas sobre os problemas enfrentados pelos países pobres. Eram escutados com grande atenção. O próprio Dom Helder foi, de novo, um grande exemplo. Mas não demorou muito para que esses bispos fossem chamados à Cúria e advertidos de que estavam extrapolando suas dioceses e deviam parar de exercer uma missão reservada ao papa. Algo análogo aconteceu com um projeto da Conferência do Brasil sobre estudo de casos de opressão em países subdesenvolvidos, projeto no qual também me envolvi enquanto servidor da Conferência na sua secretaria geral. Contrariamente ao que diz o Concílio sobre a missão colegial dos bispos junto com o papa na evangelização do mundo, a ordem de Roma foi: cada bispo e cada Conferência limite-se ao seu país e à sua diocese.

Diante de questões pastorais atuais, que obrigaram a propostas estruturais novas, bispos de grande estatura pastoral não encontraram acolhida para discussão com os respectivos departamentos da Cúria. Foi o caso da Arquidiocese de São Paulo. Depois de demorado estudo para responder ao problema da Igreja nessa vasta megalópole, chegou-se à elaboração de um projeto que procurava possibilitar em cada região da grande área urbana a presença e o ministério do bispo, do presbitério, do conselho de pastoral e demais organismos, sem dividir a cidade em dioceses totalmente autônomas. Evitava-se, assim, o risco de fragmentação na resposta à lógica orgânica da cidade, sem apelar para a forma tradicional de nomeação de sucessivos bispos auxiliares. Era uma proposta nova de dioceses interdependentes, que ultrapassava o conceito de diocese como território em torno de um bispo monárquico, em favor do conceito conciliar de diocese como porção do Povo de Deus governada colegialmente. O projeto pedido por Paulo VI a Dom Paulo Evaristo e enviado à Cúria para início de discussão não só não foi discutido como não mereceu sequer o sinal de ter sido recebido. Simplesmente dividiu-se a cidade em dioceses, como se fossem territórios um ao lado do outro. Isso criou situações extremas, incoerentes. Por exemplo, o Santuário Mariano da Virgem padroeira da cidade e da arquidiocese ficou em uma diocese de periferia, fora do território diminuído da arquidiocese, e o centro do governo desta ficou em outra diocese. Isso sem falar na impossibilidade prática de realizar uma pastoral orgânica que possibilitasse o atendimento à megalópole sem quebra de unidade.

Na realidade, entre os bispos, suas Conferências e o papa, o acesso real e direto continua muito difícil, e por vezes impossível. Entre eles estão a Cúria Romana e, sobretudo, as nunciaturas apostólicas. As nunciaturas, como representação diplomática entre o Vaticano e o governo de cada país com quem o Vaticano mantém relações diplomáticas, em certas circunstâncias podem facilitar a missão da Igreja. Conforme declarou o novo secretário de Estado, Pietro Parolin, antes de assumir o cargo: a missão diplomática da Igreja pretende se dedicar à promoção da paz e aos Direitos Humanos no mundo.

Mas em outras circunstâncias a história demonstra como as concordatas podem ser ambivalentes, algumas serem facilitadoras para as partes e outras fazerem o contrário: privilegiam, constrangem, criam ressentimentos. A história mostra que com frequência a Igreja assina concordatas com ditaduras, enquanto o mundo moderno propõe a democracia como forma de governo melhor.

Quando o núncio, em seu cargo de representação, é visto pela mídia em festas políticas, jantares, junto a autoridades de moral duvidosa, isso só aumenta o embaraço dos bispos das Igrejas locais. Mas, na prática, a nunciatura pouco se ocupa de representação do Estado do Vaticano e do papa como seu soberano. Ela se ocupa realmente dos assuntos de Igreja, e assim acaba tendo grande poder sobre as Igrejas locais. É o caso das nomeações, transferências e "promoções" de bispos e de todas as informações enviadas a "Roma", sem que o episcopado local, inclusive a Conferência, através da presidência, tenha acesso aos processos. Seus eventuais erros, por falta de maior diálogo, são pagos pela Igreja local e seus bispos.

É possível que em países de tradição cristã mais antiga e de maior consolidação eclesiástica o papel das nunciaturas não seja tão determinante. Nos países mais novos, como os da América Latina, porém, ele é muito grande. Certamente, na África e Ásia ainda mais. A diferença no tratamento segue a diferença na maneira de considerar as várias partes do mundo e suas Igrejas. Assim, compreende-se sem demasiado escândalo que em nossa região, há não muito tempo, o núncio, ao falar aos bispos, afirmou com tranquilidade que "continente é a Europa; o resto do mundo são ilhas, grandes..., mas simplesmente ilhas". Essa afirmação, que poderia ser tomada com humor, na verdade mascara uma questão grave nas relações diplomáticas e, sobretudo, internas da Igreja: o nível de conhecimento ou desconhecimento que os representantes diplomáticos demonstram a respeito dos países e das Igrejas locais em que atuam. Um exemplo atual de uma má diplomacia, que criou uma ferida enorme e um tumulto quase nacional na América Latina, se localiza na Diocese de Sucumbíos, no Equador. Que princípios eclesiológicos ou políticos conduziram à desastrada situação de afastamento do bispo carmelita para ser substituído pelos "Arautos", que entraram literalmente de botas na diocese de gente humilde, mas consciente de ser Povo de Deus?

A narrativa de fatos ajuda para que a reflexão não seja abstrata e idealista. Algo constrangedor, que infantiliza bispos e Igrejas locais, é o fato de que em regiões como a América Latina, em que as Igrejas em grande número são mais jovens, os bispos evitam tomar qualquer atitude que discorde da nunciatura, por temer estar desobedecendo ao papa. Talvez por timidez, ou, então, por medo de "ficar marcado", quem sabe mesmo para "preservar a carreira", como abertamente recomendava aqui um secretário da nunciatura. Isso leva a que bispos, frequentemente, convidem o núncio, "representante do papa", para presidir as cerimônias mais importantes da diocese, justamente em momentos em que, segundo uma sólida eclesiologia, o bispo diocesano deveria estar à frente de sua Igreja local.

Em minha longa experiência trabalhando em órgãos de direção da Conferência Episcopal, convivi com núncios que falavam aos bispos diocesanos como se fosse ele, o núncio, o responsável nacional pela orientação quanto à liturgia e às vestes litúrgicas. Outro tentando vetar um bispo de falar num curso de colegas bispos sobre a luta contra a fome. Ou, em outra ocasião, tentando proibir um bispo de atender o convite para falar em um encontro nacional de presbíteros. Nessas e em outras ocasiões, tratava-se sempre de proibir bispos de atitudes proféticas de uma Igreja aberta à realidade, fazendo frente às injustiças e voltada para os pobres. Termino minha narrativa com o que julgo a atitude de maior arbítrio. O Bispo emérito Dom

Clemente Isnard, também já falecido, foi homem de grandes méritos, sobretudo na renovação conciliar da liturgia, pessoa de cordial sabedoria, que escreveu um opúsculo sobre o que julgava necessário repensar nas estruturas da Igreja, exatamente aquelas questões que hoje continuam preocupando a todos. Ele tinha sido vice-presidente da Conferência Nacional e do Conselho Episcopal Latino-Americano e ponto de referência sobre questões de liturgia aqui e em encontros e reuniões internacionais. Fora delegado pela presidência da Conferência Nacional para uma missão particularmente delicada junto ao Santo Padre. Sabedor do opúsculo, o núncio se comunicou com as editoras católicas de âmbito nacional proibindo sua publicação. Dom Clemente só conseguiu publicá-lo em uma pequena editora leiga.

O Concílio pediu que se internacionalizasse mais a Cúria Romana. Não passou muito tempo para se perceber que os membros de outros países, com frequência, eram mais fechados e difíceis que os italianos que até então dominavam a Cúria.

O presidente da CNBB, na época Dom Ivo Lorscheider, pela segunda vez conduzido ao cargo, depois de ter sido secretário-geral por dois períodos, recebera uma carta da Cúria em nome do papa. João Paulo II havia feito uma segunda visita pastoral à Igreja no Brasil, com grande alegria de todos. Nessa visita, ao contrário da seguinte e derradeira realizada anos depois, o papa fizera questão de, durante a viagem pelas várias regiões, mostrar ao presidente da CNBB, que viajava no avião ao lado dele, os discursos preparados pela Cúria Romana para os vários lugares da visita. O papa pedia que Dom Ivo indicasse e mudasse o que não parecesse bem para o objetivo da visita. Dom Ivo localizou sem dificuldade os trechos que correspondiam à opinião de um grupo de bispos, uma pequena minoria, que sempre se opunha à linha da evangelização assumida pela imensa maioria dos bispos da Conferência. Era clara, mesmo, a ação de alguns desses bispos e de um cardeal de grande influência e aceitação na Cúria

Romana. Dom Ivo sempre fora muito firme na linha assumida pela Conferência, mas igualmente tratava com respeito e delicadeza os que tinham posições diferentes. Ele mostrou certa dificuldade em atender o pedido do papa. Este, porém, insistiu dizendo que eram os bispos do Brasil que faziam o trabalho de evangelização. Ele, o papa, vinha para confirmar os irmãos bispos e não para corrigi-los ou desacreditá-los.

O episódio é um claro exemplo de exercício da colegialidade do papa e dos bispos. Ao mesmo tempo, ilustra como essa colegialidade pode ser dificultada e até impedida por quem ultrapassa o papel de assessoria e se aproveita de sua posição privilegiada para exercer uma autoridade que não tem.

Pois a carta que Dom Ivo recebia agora e devia enviar a todos os bispos dizia exatamente o contrário. Era uma carta que apontava correções na linha de evangelização que a Conferência assumira no Brasil. No fundo, eram os mesmos pontos que o papa pedira a Dom Ivo que fossem retirados dos discursos preparados pela Cúria Romana para que ele os pronunciasse. A carta devia ficar sob sigilo pontifício(!) até o momento de ser enviada a todos os bispos. Pelo estilo da carta (muito bem escrita em português), não foi difícil identificar o escriba.

Dom Ivo consultou os bispos da presidência e da Comissão Episcopal de Pastoral sobre o que fazer. Foi unânime a opinião de que todo o bem e animação que a visita do Santo Padre havia criado diluir-se-ia ante as afirmações contrárias que a carta continha e atribuía ao papa. Diante disso, não era pastoralmente prudente divulgar o conteúdo da carta sem que o papa fosse informado dessa situação. No entanto, se ele, o papa, mesmo assim, quisesse que a carta fosse enviada a todos os bispos, a presidência o faria. A decisão tomada por unanimidade pela presidência e pela Comissão Episcopal de Pastoral (onze bispos) deveria ser comunicada com urgência e entregue pessoalmente, por escrito, ao Santo Padre. Dom Clemente Isnard, encarregado de ser o portador da decisão, partiu no dia seguinte para o Vaticano. Na verdade, não houve resposta do papa. Quanto à carta em questão, não se falou mais dela.

Alguns anos depois, a presidência da CNBB foi convocada a Roma para um "diálogo" com o Santo Padre e a Cúria Romana. O papa ouviu todos os que quiseram falar, mas não falou nada. Da parte dos membros da Cúria falou o cardeal que havia escrito a carta que a presidência da CNBB se recusava a enviar a todos os bispos sem antes dar uma informação ao papa. Falou repreendendo as autoridades da Igreja no Brasil como réus de desobedecer a uma ordem do papa. Um bispo da presidência rebateu, expôs rapidamente aos presentes o que havia acontecido e nunca mais se tocou no assunto. É um caso típico para se avaliar até que ponto uma burocracia poderosa ajuda ou atrapalha a autoridade a quem deve servir.

Para terminar, voltamos ao Papa Francisco e seu propósito de favorecer o exercício da colegialidade na Igreja.

Nas reuniões que antecederam sua escolha para Bispo de Roma e cabeça do Colégio Episcopal, os cardeais membros do futuro conclave discutiram a questão de como dotar o papa de um organismo que lhe garantisse real e constante ajuda e o libertasse dos percalços da burocracia curial. Eleito, o Papa Francisco nomeou um grupo de cardeais para esse fim, grupo que já está funcionando e capacitando-se no exercício prático de seu funcionamento.

Para deixar bem claro que nós, bispos do Brasil, e nossa Conferência Episcopal vivíamos e trabalhávamos em comunhão com o papa (embora alguns insistissem que não), fazíamos questão de transcrever constantemente em nossos documentos oficiais reflexões e palavras do papa em seus documentos, homilias e discursos. Pode ser que eu esteja enganado, mas não me recordo de ter encontrado citações de documentos episcopais em escritos papais. "É, pois, uma deliciosa surpresa encontrar nos documentos do Papa Francisco citações e reflexões de Conferências Episcopais, e isso de várias partes do mundo. É uma demonstração de que há várias maneiras de praticar a colegialidade na Igreja."

Por último e aparentemente nem pertencente à questão, está seu estilo de vida e testemunho de pobreza. Alguém já afirmou que os últimos papas, todos falaram de pobreza evangélica. Francisco, porém, vive a pobreza: aposentou as vestes, capas e sapatos vermelhos; deixou de viver no "Palácio Apostólico", trocando-o pela Hospedaria Santa Marta, onde celebra a Eucaristia, reza, toma as refeições e repousa com os demais hóspedes; trocou o carro grande papal por um pequeno carro de uso popular... Quando viaja, leva ele mesmo sua pequena pasta com o necessário para aproveitar o tempo. A pobreza e a simplicidade de vida o fazem capaz de tornar a colegialidade mais natural e mais fáceis os caminhos de acesso aos bispos e destes a ele.

Francisco não é o primeiro papa que se propõe a reformar a Igreja, tornando-a mais colegial. Seus antecessores não conseguiram cumprir essa promessa. Que o Senhor o ajude a ser o primeiro a realmente fazê-lo.

FRANCISCO E O DESAFIO DA CULTURA ECLESIAL DOMINANTE

Wagner Lopes Sanchez

Sob a inspiração de João XXIII, o Vaticano II inaugurou na Igreja Católica uma primavera que há muito era desejada e que já estava sendo construída em muitos lugares. O Concílio foi um momento de aglutinação das próprias forças e eventos que o forjaram e, ao mesmo tempo, um movimento que relançou a instituição para realizar o que João XXIII denominou *aggiornamento* (atualização).

Durante os pontificados de João Paulo II e de Bento XVI, tivemos um movimento de retorno ao passado e a construção daquilo que ficou conhecido como hermenêutica da continuidade: uma leitura do Concílio Vaticano II que pretende interpretá-lo como um Concílio que não propôs mudanças significativas para a instituição e para a sua atuação no mundo. Essa hermenêutica procurou negar a hermenêutica da ruptura, da mudança, efetivada por aqueles que viram no evento conciliar a possibilidade de uma abertura e início de um tempo de renovação. A hermenêutica da continuidade, vinculada a uma visão centrada no medo diante das mudanças, defende que as diretrizes oferecidas pelos padres conciliares colocaram em risco a tradição católica e, no limite, a própria sobrevivência da instituição eclesial. Em resumo, essa hermenêutica defende os valores da Igreja da cristandade ao propor o abandono das principais orientações e diretrizes conciliares.

Francisco foi eleito papa num contexto eclesial muito peculiar, depois de um longo período de restauração – de 1978 a 2013 – e após a renúncia inédita de Bento XVI em meio a uma crise, sem precedentes, vivida pelo papado. Essa crise abalou a credibilidade da instituição. Para aqueles que defendiam – e ainda defendem – um modelo de Igreja apegado à tradição, a eleição de Francisco trouxe insegurança e sensação de ameaça.

Neste texto propomo-nos a refletir sobre os desafios que estão sendo enfrentados por Francisco e a necessidade de criar uma nova cultura eclesial.

A cultura de cristandade

Até o Concílio Vaticano II, a cultura hegemônica na instituição tinha algumas características que foram alinhavadas nos séculos anteriores. Essa cultura de cristandade estava centrada em alguns eixos: autossuficiência da Igreja diante do mundo, das Igrejas cristãs e das religiões; desconfiança diante das iniciativas humanas que não seguissem os preceitos e determinações da instituição; o medo diante do novo e o autoritarismo.

Esses quatro eixos funcionam de forma articulada dentro da Igreja. Eles atuam de forma sistêmica, constituindo aquilo que podemos denominar de *modus vivendi* eclesial. São eixos que possibilitam à instituição eclesiástica reproduzir seu modo de ser no mundo e nos vários lugares onde ela está presente.

Autossuficiência

A concepção dominante no interior da Igreja Católica antes do Vaticano II afirmava que ela era a única Igreja fundada em Jesus; todos(as) aqueles(as) que estivessem fora das suas fronteiras estavam excluídos da salvação. O lema *extra Ecclesiam nulla salus* foi durante muito tempo o paradigma que orientou a ação da Igreja Católica não só nas suas relações com as religiões/Igrejas cristãs, mas também com o mundo. A afirmação de que a salvação era um dom recebido exclusivamente pela Igreja Católica, dava a ela poder sobre a vida das pessoas e sobre o mundo.

A autossuficiência era a "pedra de toque" da estrutura eclesiástica, das relações de poder dentro dela e da sua própria atuação no mundo. Nessa concepção, a Igreja Católica não precisava do mundo para existir; ao contrário, o mundo é que precisava dela. A instituição eclesiástica bastava a si mesma, pois só ela tinha os bens necessários à salvação das pessoas e do mundo; o mundo, sem a Igreja Católica, não tinha significado e sentido. Além disso, muitas vezes Igreja e mundo eram vistos pela hierarquia eclesiástica como realidades antagônicas, em constante conflito.

Desconfiança

Em decorrência dessa concepção de autossuficiência, todas as iniciativas humanas que não seguissem os preceitos e determinações da instituição eram consideradas perigosas, não só para a própria instituição, mas também para o mundo e a humanidade. Por isso, a atitude básica diante do mundo era de desconfiança.

No imaginário de muitos membros da hierarquia eclesiástica, ainda hoje há uma desconfiança diante do mundo e até mesmo diante do próprio laicato católico; subjacente a essa desconfiança encontramos uma concepção dicotômica *Igreja x mundo* que não considera a positividade das realidades terrestres. Dessa forma, rejeita-se o valor da história humana e, assim, nega-se a historicidade da própria Igreja.

Medo do novo

Nos textos dos Evangelhos, Jesus insiste na novidade do Reino de Deus que se faz presente na história de forma frágil e simples (Mt 13,31). Essa mensagem sobre o reino revela a força novidadeira do anúncio de Jesus; assim, nos gestos e palavras de Jesus encontramos sempre a força da esperança e do novo que desponta na história.

Ao longo da história do Cristianismo, o medo do novo sempre esteve presente, tanto na recorrência constante à tradição como também na dificuldade de ensejar a renovação nas estruturas, nos discursos e na ação pastoral. Nos momentos mais críticos da sua história, a Igreja Católica sempre recorreu ao medo para não dialogar com o mundo e para estancar as iniciativas de renovação.

João XXIII percebeu lucidamente esse problema e falou sobre ele no discurso de abertura do Vaticano II. Referindo-se àqueles que viam de forma negativa a história e os rumos da comunidade eclesial, o papa bom afirmou na abertura do Vaticano II que, "nos tempos atuais, elas não veem senão prevaricações e ruínas; vão repetindo que a nossa época, em comparação com as passadas, foi piorando; e portam-se como quem nada aprendeu da história".

O medo do novo, da renovação e da mudança, esconde os verdadeiros interesses de manutenção do *status quo* eclesiástico. Deixar-se conduzir pelo medo é o mesmo que rejeitar a vocação profética da Igreja. Deixar-se conduzir pelo medo é negar-se a reconhecer a ação do Espírito na história que constantemente suscita a vida e a esperança.

A capacidade de discernir as condições históricas e a coragem de assumir o novo que brota na vida da humanidade em consonância com o Reino de Deus sempre estiveram presentes na vida dos profetas e na vida de Jesus. Vencer o medo e colocar-se na dinâmica do novo sempre será um desafio profícuo na caminhada da comunidade cristã.

Autoritarismo

No interior da Igreja Católica, em razão de diversos fatores, ocorreu um processo de centralização do poder na autoridade central.

Para enfrentar as ameaças externas e para resolver os conflitos internos, frequentemente foi utilizado o recurso à autoridade na sua forma mais doentia, o autoritarismo.

O teólogo Ives Congar mostrou muito bem, numa de suas obras (*Igreja e papado*), como se deu o processo de centralização do poder no papado em contraposição à tradição mais antiga. A construção do papado, com a centralização do poder eclesial na figura do papa, teve como contrapartida a reprodução de uma dinâmica autoritária de poder, nos outros vários níveis hierárquicos. Por isso, a centralização do poder perpassa toda a instituição.

Nesse processo complexo, o exercício autoritário do poder na instituição católica, na maior parte do tempo, levou muito mais em conta os interesses de sobrevivência da instituição ao invés da caridade e do poder-serviço. Esse exercício autoritário do poder pelo clero deu origem ao clericalismo, com suas consequências nefastas. A marginalização dos leigos, em geral, e das mulheres mais especificamente são algumas dessas consequências.

A nova cultura inaugurada pelo Concílio Vaticano II

Já foi dito que o Vaticano II realizou uma ruptura com o modelo de Igreja-cristandade. Se analisarmos o Vaticano II em confronto com os eixos da cultura eclesial pré-Concílio, percebemos que os padres conciliares propuseram criar uma nova cultura, em meio aos limites e contradições próprias de uma instituição milenar, para romper com a cultura de cristandade. O diálogo com o mundo, uma das expressões-chave do evento conciliar, teve como contrapartida a renovação da cultura eclesial.

Sob a dinâmica da atualização/renovação, o evento conciliar procurou dialogar com o mundo e responder às grandes inquietações do mundo moderno: diálogo com a ciência, separação Igreja-Estado, liberdade religiosa, pluralismo religioso e diálogo entre as Igrejas cristãs e as religiões. A perspectiva adotada pelo Concílio em todos esses temas foi a do diálogo e a do reconhecimento da autonomia das realidades terrestres.

Diante do mundo, os padres conciliares se colocaram numa atitude de humildade. Nos documentos conciliares encontramos uma atitude de confiança com relação ao mundo e à humanidade. Os padres afirmam respeitar e confiar nos caminhos escolhidos pela humanidade.

A própria constituição pastoral *Gaudium et Spes*, sobre a Igreja no mundo atual, chega a afirmar que a Igreja Católica quer contribuir na superação dos problemas da humanidade (3c). Em sintonia com a teologia das realidades terrestres e abandonando a posição de autossuficiência, o Concílio reconhece os limites da instituição e a autonomia do mundo (36).

Em oposição às visões catastróficas sobre os destinos da humanidade e da Igreja, os textos conciliares, sobretudo a *Gaudium et Spes*, falam da importância da leitura dos sinais dos tempos e da esperança (GS 4). Diante do medo em relação ao novo, é preciso discernir os sinais dos tempos que apontam os caminhos para a Igreja. Nos documentos conciliares percebe-se um otimismo latente que nasce da convicção de que a humanidade tem potencial para resolver os seus problemas. É um otimismo que se opõe a uma concepção negativa diante da história.

Do ponto de vista da dinâmica interna da hierarquia, o Vaticano II insistiu na dinâmica da colegialidade nas relações entre o Bispo de Roma e os demais bispos. Essa relação deve ser de comunhão e não de submissão:

> A natureza colegial da ordem episcopal, claramente comprovada pelos Concílios ecumênicos celebrados no decurso dos séculos, manifesta-se já na disciplina primitiva, segundo a qual os Bispos de todo o orbe

comunicavam entre si e com o Bispo de Roma no vínculo da unidade, da caridade e da paz; e também na reunião de Concílios, nos quais se decidiram em comum coisas importantes, depois de ponderada a decisão pelo parecer de muitos; o mesmo é claramente demonstrado pelos Concílios Ecumênicos, celebrados no decurso dos séculos (LG 22).

No pós-Concílio, para a Cúria Romana, a colegialidade defendida pela maioria dos padres conciliares, em sintonia com a tradição mais antiga da Igreja, se tornou um problema. Os bispos presentes nessas instâncias compreenderam muito bem que boa parte do que os padres conciliares disseram sobre colegialidade obrigava a repensar o papel da Cúria Romana como órgão de governo que deve estar a serviço do papa e da comunhão da Igreja. Esses bispos sabiam que levar adiante as recomendações conciliares significava reduzir o papel da Cúria e a sua influência na ação do papa. Por outro lado, a partir de João Paulo II as ações da Cúria e do papado contrastaram com as diretrizes e recomendações conciliares. Se o processo de restauração desencadeado por João Paulo II levou ao fortalecimento do poder da Cúria Romana, a condição precária de sua saúde nos últimos anos do seu pontificado acabou deixando o governo da Igreja entregue àquele organismo.

A distância entre o que o Concílio pensou e a dinâmica da Cúria como órgão de controle sobre as decisões conciliares, procurando flexibilizar a ideia de colegialidade em favor de uma maior centralização do poder na instituição, se tornou um problema. Certamente Bento XVI deve ter tomado consciência desse problema e se viu impossibilitado de continuar governando. A crise provocada pelos desmandos na administração do Vaticano e a questão da pedofilia levaram Bento XVI a renunciar num momento difícil. Veio à tona uma crise da gestão da instituição e uma crise de credibilidade da mesma.

Francisco e a renovação da cultura eclesial

No dia 13 de março de 2013, logo depois do tradicional *habemus papam*, ao postar-se na varanda central da Basílica de São Pedro, no Vaticano, para a tradicional saudação àqueles que o aguardavam, por um instante Francisco fez silêncio diante da aclamação do povo presente. Talvez o seu silêncio tenha sido para "ouvir" mais profundamente o desafio da sua nova missão. Antes de proferir a bênção *Urbi et Orbi*, Francisco pediu ao povo que rezasse por ele para que Deus o abençoasse: "Antes de o bispo abençoar o povo, peço-vos que rezeis ao Senhor para que me abençoe a mim; é a oração do povo, pedindo a bênção para o seu bispo". Esse gesto inovador de um papa que escolheu o mesmo nome de um pobre chamado Francisco de Assis, e que antes de abençoar o povo submete-se à bênção desse mesmo povo, foi o primeiro gesto-símbolo de um papado carregado de gestos e ações que aos poucos foram revelando uma nova primavera. O gesto de humildade por parte de Francisco, curvando-se diante do povo, logo depois do anúncio, despertou a esperança em muito católicos.

Possivelmente, Francisco, nesse momento, tenha se lembrado de outro gesto seu inusitado quando ainda era Cardeal de Buenos Aires, e que está narrado no livro *Sobre o céu e a terra*, em coautoria com o Rabino Abraham Skorka:

> A primeira vez que os evangélicos me convidaram para uma de suas reuniões no Luna Park, o estádio estava cheio. Nesse dia falaram um sacerdote católico e um pastor evangélico. [...] Em dado momento, o pastor evangélico pediu que todos rezassem por mim e por meu ministério. Ele havia me perguntado se aceitaria que rezassem por mim e eu respondera que sim, claro. Quando todos rezavam, a primeira coisa que me ocorreu foi me ajoelhar; um gesto muito católico, para receber a bênção das sete mil pessoas que estavam ali (2013, p. 172).

A primavera conciliar fundada no *aggiornamento* desejado por João XXIII trouxe frutos novidadeiros para a Igreja Católica. Esse Concílio enfrentou o desafio de dialogar com o mundo; colocando-se numa atitude de escuta, desencadeou um processo de mudança da cultura eclesial que pretendeu modificar a autocompreensão de uma Igreja centrada em si mesma e voltada para condenar o mundo.

Cinquenta e três anos depois do pontificado de João XXIII, vivemos hoje uma nova primavera; e a instituição católica se vê envolvida pelos mesmos sonhos: sonhos de uma Igreja aberta e acolhedora, que se coloca a serviço do mundo, a serviço da humanidade. Francisco tem insistido que quer uma Igreja aberta a todos e na perspectiva da Igreja dos pobres, expressão tão querida por João XXIII: "Por isso, desejo uma Igreja pobre para os pobres. Estes têm muito para nos ensinar. Além de participar do *sensus fidei*, nas suas próprias dores conhecem Cristo sofredor. É necessário que todos nos deixemos evangelizar por eles" (EG 198).

Francisco gosta de ser chamado de Bispo de Roma, conforme a mais antiga tradição da Igreja, diferentemente dos papas anteriores, que se entendiam como papas da Igreja universal. Na saudação ao povo, logo depois do anúncio de eleição, Francisco não usou em nenhum momento a palavra papa e referiu-se a si mesmo apenas como Bispo de Roma: "E agora iniciamos este caminho, bispo e povo... este caminho da Igreja de Roma, que é aquela que preside a todas as Igrejas na caridade. Um caminho de fraternidade, de amor, de confiança entre nós". Depois de Francisco, o anuário pontifício – que registra os nomes daqueles que exercem cargos no Vaticano e dos bispos do mundo inteiro – refere-se a ele apenas como Bispo de Roma, indicando que quer dirigir a Igreja Católica no espírito da caridade.

Numa instituição religiosa como a Igreja Católica, onde os símbolos são importantes, muitos dos gestos de Francisco ganham um caráter simbólico muito peculiar: é o papa que pede a bênção do povo; é o papa que dispensa esquemas de segurança; é o papa que quebra protocolos usuais do cargo; é o papa que cumprimenta o povo; é o papa que usa paramentos litúrgicos simples.

Em circunstâncias de crise, o símbolo tem um papel fundamental: de juntar as pessoas em torno de certos valores, de apontar novas direções, de elaborar novas sínteses, de refazer perspectivas, de retomar intuições originais, de fazer avançar a consciência. E Francisco sabe disso. Num momento de crise da instituição eclesiástica como o que vivemos atualmente, os gestos simbólicos de Francisco têm o significado de retomar o caminho de uma Igreja em diálogo com o mundo.

O fato de o pontificado de Francisco ser permeado de símbolos não diminui a sua importância e o seu impacto na vida da Igreja. Ao contrário, cria um novo ambiente e favorece a criação de uma nova cultura. Francisco tem consciência de que foi eleito numa situação de crise, que levou à renúncia inesperada de Bento XVI, e sabe dos desafios presentes na conjuntura eclesial.

As palavras de Francisco, ditas de forma simples, direta e espontânea, com franqueza, sem "meias palavras" e sem o rigor próprio do discurso teológico, falam ao coração das pessoas. Embora seja um discurso com tais características, ele não deixa de ter profundidade teológica e incidência pastoral.

Se para os setores conservadores Francisco traz medo, quando suas palavras e seus gestos são inseridos numa perspectiva histórica de longa duração, despertam a esperança e realimentam os sonhos daqueles que querem uma Igreja dos pobres, para os pobres e com os pobres: "Por isso, desejo uma Igreja pobre para os pobres. Estes têm muito para nos ensinar. Além de participar do *sensus fidei*, nas suas próprias dores conhecem Cristo sofredor. É necessário que todos nos deixemos evangelizar por eles" (EG 198).

Curiosamente, enquanto Francisco é criticado por setores incomodados com o seu jeito novo de ser Bispo de Roma, a mídia tem mostrado que ele tem sido elogiado por pessoas que atuam fora do ambiente eclesial, até mesmo sem nenhuma referência religiosa. Muitos reconhecem que Francisco está contribuindo para recuperar a credibilidade da Igreja Católica.

Um exemplo foi a declaração de Raul Castro, presidente de Cuba, à imprensa depois do encontro com Francisco, no Vaticano, em 10 de maio de 2015, para agradecer o seu empenho na aproximação daquele país com os Estados Unidos: "Eu voltarei a rezar e retorno à Igreja, e isso não é uma piada".

A eleição de Francisco se deu num momento de crise profunda na Igreja e ele decidiu enfrentá-la. Os seus esforços de reformar a Cúria Romana demonstram que a sua percepção da crise está relacionada com o poder central da Igreja, que tem nesse organismo o seu ponto nevrálgico devido à importância assumida nos últimos anos. No mesmo dia, 1º de outubro de 2013, em que Francisco deu início à reunião da Comissão de Cardeais convocada por ele para fazer a reforma da Cúria, numa entrevista ao jornal italiano *La Repubblica*, o papa, escandalizando muitos bispos, chegou a dizer que a "Cúria é a lepra do papado".

A reforma da Cúria é, hoje, uma necessidade para retomar o exercício da autoridade baseado na comunhão, de acordo com o espírito do Concílio, entre as várias instâncias não só entre o Bispo de Roma e os demais bispos, mas também entre os bispos e o povo e suas dioceses.

A preocupação de Francisco com a Cúria Romana mostra que, na sua análise, há necessidade de mudanças na própria cultura eclesial; dessa cultura dependerá um novo impulso missionário e mudanças na compreensão do governo da instituição.

A renovação da cultura eclesial proposta por Francisco tem como eixos: uma renovação eclesial inadiável fundada na Igreja em saída, o exercício da sinodalidade e da colegialidade e a Igreja da misericórdia.

Renovação eclesial inadiável fundada na Igreja em saída

No segundo item do primeiro capítulo da *Evangelii Gaudium*, Francisco fala numa "renovação eclesial inadiável". E para ele essa renovação deve ter seu centro na missão.

Para Francisco, toda a vida da Igreja, incluindo aqui as estruturas eclesiais, deve estar voltada para a missão muito mais do "que à autopreservação". E de novo ele recorre ao tema da reforma:

> A reforma das estruturas, que a conversão pastoral exige, só se pode entender neste sentido: fazer com que todas elas se tornem mais missionárias, que a pastoral ordinária em todas as suas instâncias seja mais comunicativa e aberta, que coloque os agentes pastorais em atitude constante de "saída" e, assim, favoreça a resposta positiva de todos aqueles a quem Jesus oferece a sua amizade (EG 27).

Para Francisco, portanto, a reforma das estruturas é uma exigência daquilo que ele denomina conversão pastoral; reforma das estruturas eclesiais e conversão pastoral são temas autoimplicados.

No número 17 da *Evangelii Gaudium*, ele propõe algumas diretrizes "que possam encorajar e orientar, em toda a Igreja, uma nova etapa evangelizadora". Com base na constituição dogmática *Lumen Gentium*, sobre a Igreja, o primeiro tema que ele propõe é "a reforma da Igreja em saída missionária". O critério mais importante para a reforma, portanto, deve ser a missionariedade da comunidade eclesial.

Para Francisco, a dinâmica da *Igreja em saída* deve orientar toda a instituição e consiste no que ele denomina de nova etapa evangelizadora; a urgente renovação eclesial deve se expressar numa reforma de toda a Igreja, nas suas estruturas inclusive. E a *Igreja em saída* é apresentada por Francisco como a "comunidade de discípulos missionários que 'primeireiam', que se envolvem, que acompanham, que frutificam e festejam" (EG 24).

A leitura atenta da *Evangelii Gaudium* revela que Francisco tem dois temas caros: *Igreja em saída* e *reforma da Igreja*. No seu pensamento, esses temas não são distintos e distantes; ao contrário, precisam ser articulados reciprocamente: só pode haver uma Igreja em saída se houver uma reforma, e só pode haver reforma da Igreja no movimento de saída.

O exercício da sinodalidade e da colegialidade episcopal

Francisco tem revelado em seus pronunciamentos, em seus textos e em seus gestos uma compreensão da autoridade que vai na direção da sinodalidade e da colegialidade dentro do espírito do Concílio. Ao falar na reforma da Cúria Romana e em mecanismos efetivos de participação e responsabilidade dos bispos, ele procura superar a distância entre o Concílio e a máquina administrativa da instituição.

No que diz respeito à sinodalidade, na *Evangelii Gaudium* ele afirma que o bispo tem a tarefa de "favorecer a comunhão missionária na sua Igreja diocesana" (EG 31). E para viabilizar essa realidade, ele indica qual deve ser o lugar do bispo no meio do povo:

> Para isso, às vezes pôr-se-á à frente para indicar a estrada e sustentar a esperança do povo, outras vezes manter-se-á simplesmente no meio de todos com a sua proximidade simples e misericordiosa e, em certas circunstâncias, deverá caminhar atrás do povo, para ajudar aqueles que se atrasaram e sobretudo porque o próprio rebanho possui o olfato para encontrar novas estradas (EG 31).

No caso da colegialidade, ele retoma as instituições do Vaticano II quanto às Conferências Episcopais e que foram marginalizadas no período pós-Concílio em favor de um centralismo no exercício do poder. Na perspectiva do Concílio (LG 23), as Conferências Episcopais devem contribuir de diversas formas para que a colegialidade seja cada vez mais uma realidade presente na Igreja. Segundo Francisco, "este desejo não se realizou plenamente, porque ainda não foi suficientemente explicitado um estatuto das conferências episcopais que as considere como sujeitos de atribuições concretas, incluindo alguma autêntica autoridade doutrinal" (EG 32). E ele conclui, ainda, dizendo que "uma centralização excessiva, em vez de ajudar, complica a vida da Igreja e a sua dinâmica missionária" (EG 32).

A afirmação da sinodalidade e da colegialidade leva-nos a pensar numa outra forma de governo da Igreja e numa outra forma de relacionamento entre a hierarquia eclesiástica e o laicato.

Igreja da misericórdia

Francisco retoma um tema caro à teologia cristã e que muitas vezes a Igreja, no afã de defender a instituição, deixou em segundo plano. Para ele, a centralidade da misericórdia é a mensagem mais importante de Jesus (2016, p. 34). Esse tema já estava presente na *Evangelii Gaudium*, onde a palavra misericórdia aparece 31 vezes.

Se "a salvação que Deus nos oferece é obra da sua misericórdia", a Igreja, como comunidade que anuncia essa salvação, "deve ser o lugar da misericórdia gratuita, onde todos possam sentir-se acolhidos, amados, perdoados e animados a viverem segundo a vida boa do Evangelho" (EG 112; 114).

Ao falar de uma Igreja que tem de ser misericordiosa, ele admite que também precisa de misericórdia: "[...] o papa é um homem que precisa da misericórdia de Deus" (2016, p. 75). A defesa intransigente de uma Igreja misericordiosa denuncia uma Igreja que não tem misericórdia.

Ao insistir na misericórdia, Francisco propõe à Igreja assumir a misericórdia como paradigma de compreensão da existência humana. Uma Igreja misericordiosa é uma Igreja aberta e generosa com todos. Uma Igreja da misericórdia é aquela que coloca a pessoa humana como valor que se sobrepõe à instituição. É uma Igreja que aceita acolher a todos independente de sua condição.

E agora, Francisco?

Cinquenta anos após o Vaticano II e três anos de Francisco levam-nos a pensar nos desafios que estão colocados na agenda do atual pontificado. O Concílio apresentou intuições importantes para o diálogo da Igreja com o mundo moderno, mas deixou em aberto muitas tarefas (Libanio, 2005).

Cabe agora discernir as demandas que nos tempos atuais estão presentes no mundo e na Igreja. Podemos apontar algumas dessas demandas que estão a exigir respostas efetivas: a) as reivindicações das mulheres por uma participação igualitária nas estruturas eclesiais; b) as reivindicações dos leigos em geral por novos instrumentos de participação, até mesmo no âmbito da moral, que propiciem maior vivência da sinodalidade e a construção da democracia na instituição; c) as exigências de um novo pensamento sobre a sexualidade sem espiritualizá-la e que a considere como parte de uma compreensão global da pessoa humana; d) a afirmação do pensamento ecológico como uma das chaves de leitura da realidade.

Muitas dessas questões fazem parte de uma agenda de longo prazo na Igreja. No entanto, Francisco está favorecendo o surgimento de uma nova cultura que possibilita um ambiente favorável para a discussão dessas demandas. O enfrentamento dessas demandas só será possível se a Igreja, a exemplo do Vaticano II, colocar-se à escuta de seu público interno e do mundo.

Num mundo onde os sólidos se liquidificam (Bauman), a Igreja Católica precisa se reinventar para avançar no anúncio do Reino e para tornar-se uma Igreja mais humana e mais solidária.

Conclusão

Para terminar este texto, trago à mente do(a) leitor(a) mais um gesto de Francisco. Como parte da comemoração dos três anos de seu pontificado, no dia 13 de março de 2016 ele jantou com um grupo de sem-teto de Roma. O gesto revela uma das dimensões do projeto de Igreja de Francisco: uma Igreja acolhedora dos pobres e aberta à humanidade.

O pontificado de Francisco traz um novo ânimo para aqueles que estão identificados com um projeto de Igreja pobre. O projeto de Francisco propõe criar uma nova cultura eclesial centrada na ideia de uma *Igreja em saída* que faz eco ao espírito do Vaticano II.

Em tempos de crise, esse projeto dissemina a esperança, recupera a credibilidade da instituição e oxigena o ambiente eclesial:

> Espero que todas as comunidades se esforcem por atuar os meios necessários para avançar no caminho de uma conversão pastoral e missionária, que não pode deixar as coisas como estão (EG 25).

Bibliografia

BERGOGLIO, J.; SKORKA, A. *Sobre o céu e a terra*. São Paulo: Paralela, 2013.

FRANCISCO. *Laudato Si'*. Louvado sejas. Sobre o cuidado da casa comum. São Paulo: Paulus/Loyola, 2015.

_____. *O nome de Deus é Misericórdia*. Uma conversa com Andrea Tornielli. São Paulo: Planeta, 2016.

LIBANIO, J. B. *Concílio Vaticano II*. Em busca de uma primeira compreensão. São Paulo: Loyola, 2005.

II.
CAMINHOS E REALIZAÇÕES

A DENSIDADE TEOLÓGICA DOS GESTOS DE FRANCISCO

Alex Villas Boas

A constituição dogmática *Dei Verbum*, do Concílio Vaticano II, diz que a revelação do Mistério de Deus se dá por meio de "gestos e palavras [*gestis verbisque*] intimamente relacionadas [*connexis*] entre si, de tal maneira que as obras realizadas por Deus na história da salvação manifestam e confirmam a doutrina e as realidades significadas pelas palavras; e as palavras, por sua vez, declaram as obras e esclarecem o mistério nelas contido" (DV 2).

Desse modo, essa categoria, *gesta et verba*, indica a pedagogia divina, que por vezes se dá a conhecer claramente (Palavra), mas, em outras vezes, se faz conhecer também em sua eloquente e silenciosa presença. Os gestos são categorias que pedem uma contemplação silenciosa, uma atenção cheia de reverência ao Mistério que naquele gesto se esconde. O gesto, enquanto forma de Revelação, se situa dentro da questão da linguagem teológica que o Vaticano II apresenta como tarefa de revisão do dogmatismo formalista da segunda escolástica, pois "uma coisa é o próprio depósito de fé ou as verdades e outra é o modo de enunciá-las, conservando-se, contudo, o mesmo sentido [*sensu*] e significado [*sententia*]" (GS 62).

Tais termos, *sensu* e *sententia*, remetem ao método teológico de Hugo de São Vítor (1096-1141), no século XII, que é resumido em uma fórmula célebre: *littera, sensus, sententia*. O método sugere que se apreenda o significado imediato da palavra (*sensus*) a partir da sua articulação literal (*lettera*), determinando a interpretação do conteúdo doutrinal. A "lição" [*lectio*] se torna uma "questão" [*quaestio*], um tema a ser problematizado, criticado, aprofundado, revisitado até alcançar maior profundidade na pedagogia vitoriana, ou seja, de mero conteúdo se desdobra em uma questão problematizada que visa a uma "compreensão mais profunda" [*profundior intelligentia*].

Essa profundidade vitoriana supõe um próprio caminho de crescimento e santidade que começa com o estudo, depois a *meditação*, a *oração* e, por fim, a *ação*, e só depois desta é que é possível se abrir ao dom da *contemplação*, onde se atinge a profundidade da *intelligentia*, ou seja, de *ler por dentro* [*intus legere*] do Mistério escondido em meio à questão (*latens deitas*, diria São Tomás de Aquino), o modo de chegar ao melhor juízo [*sententia*] (*Didascalion*, III, 9).

O gesto, tal qual a palavra, se situa nesse caminho de pensar a melhor ação que permite desvelar o Mistério a ser contemplado, na medida em que é desvendado seu enigma. O gesto imbuído do Espírito do Evangelho é sinal e convite ao aprofundamento da intelecção da pedagogia divina na história, o gesto é um ícone da ação de Deus amorosa.

Desse modo, os gestos de Jesus, assim como suas palavras, são constitutivos do Evangelho, pois são o modo de desvelar a presença eloquente e silenciosa de Deus. Não raro, a narrativa evangélica carrega inúmeros gestos, como aquele diante da dúvida dos fariseus a respeito da proximidade de Jesus com os pecadores públicos, em que ele conta a parábola do Pai misericordioso. Como não imaginar a cena repleta de gestos que expressam um desvelamento do Mistério do amor de um Deus que sai correndo ao encontro daquele que se perdeu, tomado de compaixão, e o abraça com efusiva alegria e o cobre de beijos? São gestos da festa que Deus faz quando seus filhos se permitem ser amados. Nem sequer dá atenção ao sentimento de culpa que o filho manifesta, mas manda que se faça uma festa e que se trate aquele que se perdeu com a mesmíssima dignidade de filho, motivo de alegria, não de punição (Lc 15,11-32).

Também João Paulo II, ao falar do "objeto essencial e primordial da catequese" de levar as pessoas a "perscrutar" o Mistério da Pessoa de Cristo, de modo a procurar "compreender o significado dos gestos e das palavras de Cristo", pede uma "catequese baseada no essencial e ao mesmo tempo popular, constituída por gestos e palavras simples, capazes de tocarem todos os corações" (CT 4-5).

Nesse sentido, iremos analisar os gestos do Papa Francisco como uma ação na qual se esconde e se dá a conhecer o Mistério da Misericórdia de Deus, gestos que são encontrados não somente pela contemplação, mas, recordando a pedagogia de Hugo de São Vítor, a serem repetidos para que a revelação de Deus aconteça na práxis, confirmando e dando a conhecer sua presença, em quem é amado e em quem ama, é uma "contemplação para alcançar o amor" [*ad amorem*], pois "que o amor deve consistir mais em obras que em palavras" (*Exercícios Espirituais* de Santo Inácio de Loyola, n. 230).

Substrato eclesiológico de Francisco por detrás de seus gestos

A eclesiologia de Francisco convida a reler a Tradição Católica para se descobrir como Igreja da Misericórdia (*A Igreja da Misericórdia*, 2014), e a misericórdia é o modo cristão de se aproximar da realidade, tendo o Deus de Jesus Cristo como modelo para se dirigir a todos, "dentro e fora da Igreja, que procuram um sentido para a vida, um caminho de paz e reconciliação, uma cura para as feridas físicas e espirituais" (*O nome de Deus é misericórdia*, 2016), pois só pode haver amor concreto estando próximo à realidade, uma vez que o amor implica a tarefa do discernimento e esse só é possível na realidade.

O *discernimento* é uma das palavras-chave no papado de Francisco (EG 50), tal qual fora a *beleza* do querigma em João Paulo II e a busca da *verdade* em Bento XVI. Na *Autobiografia* de Santo Inácio de Loyola há uma passagem que ajuda a compreender o discernimento dentro da tradição espiritual de Francisco. Na ocasião do início da conversão de Inácio, em que deseja imitar os grandes santos, especialmente São Francisco de Assis, de imitar *Jesus pobre e humilde*, o santo basco decide trocar suas roupas com um mendigo. Assim tendo feito, segue em peregrinação. Passado algum tempo, a guarda local o alcança dizendo que haviam recuperado suas roupas e que o bandido já havia sido preso. Então, após tentar dissolver o mal-entendido, se formula um importante princípio para o exercício do amor, o de que a caridade sem discernimento nem caridade é (*Autobiografia* 17-18).

O discernimento, dito dessa maneira, leva a clarear a mais adequada *disposição do desejo*, de modo que na teologia clássica se falaria da *theologia mentis* a serviço da *theologia cordis et vitae*, portanto, da tarefa de iluminar o caminho que a vontade deve trilhar, pedindo a *graça desejada* do caminho que a consciência conseguiu vislumbrar, ou seja, contemplar para alcançar a realização do amor.

Cabe, ainda, uma nota sobre discernimento e a primazia da graça evocando a experiência de inculturação jesuíta, presente, por exemplo, em São José de Anchieta. O santo fundador da cidade de São Paulo, diante da missão de catequizar nos moldes da sofisticada teologia tridentina, oriunda de uma cristandade europeia, se depara com uma cultura radicalmente distinta da sua, a começar pelos inúmeros obstáculos de propagar a liturgia latina em face da cultura tupi. A motivação desse filho de Inácio, como daqueles que enfrentaram o *além-mar*, estava na pergunta: "O que o Espírito já fez para continuarmos a sua missão?". O exercício de discernimento passava, assim, a identificar na cultura os sinais do Reino. São José de Anchieta se depara com uma cultura que já era religiosa e com valores comunitários, de modo que a mudança de percepção do Mistério se daria não somente pelo discurso, mas pela percepção de um modo de viver outro que levaria a cultura a um *magis*, em que a *teleologia do Evangelho* vinha ao encontro das expectativas da *teleologia da cultura* em seus anseios *mais* profundos, alargando a percepção para *além* do que até então se havia vivenciado.

O Evangelho, portanto, ajudava a cultura a ser melhor naquilo que ela tinha de mais profundo, e assim despertava as vocações para um modo cristão de implantar o Reino de Deus que seduzia inúmeros estudantes da Metrópole e mesmo da Colônia. É desse modo que em Francisco a "graça supõe a cultura" e o discernimento da cultura supõe a disposição para o encontro, para assim *cruzarmos as fronteiras* que nos separam do outro. Os gestos de Francisco visam a dialogar com as fronteiras que dividem, confiante que Deus já as superou, e está à espera de nós para desvelar cenários inesperados.

Pressupostos teológicos dos gestos de Francisco

Dada essa breve digressão, é possível nos aproximarmos melhor da densidade teológica dos gestos de Francisco, de modo que os mesmos devem ser vistos tal qual a tarefa dos teólogos de serem "pioneiros do diálogo", a fim de "favorecer o acolhimento da Palavra de Deus" (*Discurso aos membros da Comissão Teológica Internacional*, 2013).

A Igreja da Misericórdia é o modo de Francisco "seguir em frente" com a tarefa do Concílio Vaticano II de ser "uma atualização, uma releitura do Evangelho na perspectiva da cultura contemporânea", pois é "um movimento irreversível de renovação que vem do Evangelho". *Seguir em frente* significa "viver em uma fronteira" na qual "o Evangelho encontra as necessidades das pessoas para as quais se faz o anúncio, de maneira compreensível e significativa".

O lugar das reflexões teológicas "são as fronteiras", ali onde "a teologia também deve encarregar-se dos conflitos: não apenas daqueles que experimentamos dentro da Igreja, mas também daqueles que afetam todo o mundo e que são vividos nas ruas", de modo que a reflexão teológica não deve cair na tentação de *pintar, ajustar* e *domesticar* tais conflitos, a fim de não se conformar com uma "teologia de gabinete", que "se esgota na disputa acadêmica ou que contempla a humanidade desde um castelo de vidro", tornando-se "um intelectual sem talento, um moralista sem bondade ou um burocrata do sagrado".

Os bons teólogos, como os bons pastores, "cheiram a povo e a rua e, com sua reflexão, derramam unguento e vinho nas feridas dos homens". Desse modo, "a teologia deve ser a expressão de uma Igreja que é 'hospital de campanha', que vive sua missão de salvação e cura no mundo", uma teologia da misericórdia, pois, "sem misericórdia, a nossa teologia, o nosso direito, a nossa pastoral, correm o risco de cair na mesquinharia burocrática ou na ideologia, que, por sua própria natureza, quer domesticar o mistério". A "centralidade da misericórdia" deve refletir "nas diferentes disciplinas – dogmática, moral, espiritualidade, direito etc." (*Videomensaje al Congreso Internacional de Teología de la UCA*, 2015).

Seguindo o caminho aberto pelo Vaticano II de elaborar uma teologia "à luz do Evangelho e da experiência humana" (GS 46), a Igreja da Misericórdia, em seu labor teológico, "deve estar baseada na Revelação, na Tradição, mas também deve acompanhar os processos culturais e sociais, especialmente as transições difíceis", pois toda busca por "romper a relação entre a Tradição recebida e a realidade concreta põe em risco a fé do Povo de Deus" (*Videomensaje al Congreso Internacional de Teología de la UCA*, 2015). Desse modo, é à luz da compreensão eclesiológica e teológica de Francisco que queremos ler a densidade teológica de seus gestos, cruzar fronteiras para anunciar a misericórdia de Deus. A dinâmica a que convidamos o leitor é a de manter o estilo parabólico entre duas imagens colocadas uma ao lado da outra para abrir uma nova janela, uma terceira margem, em que uma imagem narrativa (gestos de Francisco), ao lado de uma imagem reflexiva (hermenêutica teológica), provoque pensar a vida cristã contemporânea em três categorias:

Ser abençoado antes de abençoar: Magistério papal e infalibilidade do Povo de Deus

Na noite de 13 de março de 2013, o primeiro gesto do Papa Francisco que provoca um "espanto", no sentido da filosofia grega antiga, enquanto evento que provoca a pensar, foi o pedido de *receber a bênção* do povo antes de *dar a bênção*: "E agora quero dar a bênção, mas antes... peço-vos um favor: antes de o bispo abençoar o povo, peço-vos que rezeis ao Senhor para que me abençoe a mim". Dizia Francisco: "[...] é a oração do povo pedindo a bênção para seu bispo" (*Bênção apostólica "Urbi et Orbi"*, 2013).

Há no gesto de Francisco uma densidade teológica de muitas significações. Também Jesus pede aos discípulos que rezem por ele, sabendo do tamanho da missão que o aguarda (Mt 26,38), e consciente da finitude humana. Pedir oração é um ato de serena consciência de si e seus limites e de confiança em Deus, que nunca falha com seu povo. Nesse gesto de Francisco há uma valorização da "força santificadora do Espírito" que atua no Povo de Deus e que a este povo "o torna infalível *in credendo*". Desse modo, o Espírito o guia na verdade e "dota a totalidade dos fiéis com *instinto de fé* [*sensus fidei*], que os ajuda a discernir o que vem realmente de Deus" (EG 119).

Diferente de Melchior Cano (1509-1560), que estabelece um método de verificação da fé diante da dúvida que não considera o *sensus fidelium*, mas ouve como *locais teológicos*, ou seja, onde a fé se manifesta mais seguramente: 1) Escrituras, 2) Tradição, 3) autoridades eclesiais (grandes autores da Antiguidade), 4) autoridade dos Concílios, 5) autoridade da Igreja Romana, 6) autoridade dos antigos santos, 7) autoridade dos teólogos escolásticos, 8) a razão natural – com todas as ciências naturais, 9) autoridade dos filósofos. Sendo o *sensu fidelium* apenas uma forma de se confirmar aquilo que passou por todas essas instâncias críticas.

Contudo, em certos casos de controvérsia doutrinal pode-se verificar como manifestação de não aceitação do povo daquilo que fere a fé da comunidade um argumento suficiente [*argumentum ex communi fidelium sensu*], mesmo sem ter de examinar todos os outros sentidos/locais (Melchior Cano, *De Locis Theologicis*, 4; 172; 181; 463). Francisco retoma essa categoria nesse aspecto, acentuando, assim, o *sensus fidei* do Evangelho, no qual o próprio Cristo se "espanta" com a fé da cananeia, reconhecendo que "grande" era a fé daquela mulher, que nem mesmo era de Israel (Mt 15,22-28), e também com o centurião romano, pois Jesus se "espanta" com a fé do pagão e afirma que "nem mesmo em Israel encontrou tanta fé" (Mt 8,5-10). Esses "espantos" de Jesus, quando se maravilha com a fé simples, mas cheia de confiança em Deus, são retomados por Francisco, que ouve com atenção aquilo pelo qual Deus se manifesta no povo: "A presença do Espírito confere aos cristãos uma certa conaturalidade com as realidades divinas e uma sabedoria que lhes permite captá-las intuitivamente, embora não possuam os meios adequados para expressá-las com precisão" (EG 119).

Aí reside sua postura de reverência na escuta do Povo de Deus, expressa quando se pronuncia aos membros da Comissão Teológica Internacional: "O Magistério tem o dever de estar atento ao que o Espírito diz às Igrejas através das manifestações autênticas do *sensus fidelium*" (*Discurso aos membros da Comissão Teológica Internacional*, 2013). O Magistério, os teólogos, os movimentos não devem atuar como "alfândega do Espírito" nem como "controladores" da graça de Deus, mas como dispensadores, no sentido do já exposto, de "favorecer o acolhimento da Palavra de Deus"! A atitude de Francisco de pedir a bênção ao povo indica sua atitude de escuta da presença infalível de Deus em meio ao povo, que se confirma dando frutos (Mt 7,20; 1Jo 4,20). O Papa Francisco repetirá esse pedido de que o povo reze por ele quase que habitualmente ao encerramento de seus encontros.

Simplicidade como modo de ser uma Igreja pobre para os pobres

Em seu primeiro dia de pontificado, em 14 de março de 2013, após o encerramento do conclave, o Papa Francisco aparece com sapatos pretos velhos e faz questão de ligar para o seu sapateiro em Buenos Aires para que mande mais um par do mesmo modelo. Após a missa e a primeira homilia, volta de ônibus com os demais bispos, da Capela Sistina para a Casa Santa Marta, mas antes para na Casa Paulo VI, a Casa Internacional do Clero, onde ficou hospedado com os demais no período de pré-conclave, para pagar a conta. Prefere, mais frequentemente, o uso do *solidéu*, mesmo em momentos celebrativos, quando se sugere o uso da mitra; usa o anel e a cruz peitoral de prata; prefere uma discreta e simples cadeira branca; além de morar na Casa Santa Marta, almoça no "bandejão" com os demais funcionários; prefere usar um carro popular, aos moldes do que um funcionário do Vaticano possui; tem suas saídas noturnas às escondidas para se encontrar com mendigos e convidá-los para almoçar com ele em sua residência; faz visitas-surpresa, como à Comunidade San Carlo, de recuperação de dependentes químicos, no qual reza com eles, conversa e come pizza.

Tais "simples" sinais revelam a grandiosidade do valor da simplicidade e, com isso, a renúncia de uma Igreja de ostentação, tentação essa que Francisco critica duramente, na audiência geral de 02/03/2016, citando o profeta Isaías (1,11ss): "[...] não agrada a Deus o 'sangue de touros e cordeiros', não agrada a Deus 'alguns benfeitores da Igreja que vêm com suas oferendas', que 'são frutos do sangue de tantas pessoas exploradas, maltratadas, escravizadas com trabalho mal pago. Eu diria a essas pessoas: 'Por favor, levem de volta este dinheiro e queimem-no'" [*Per favore, portati indietro il tuo assegno, brucialo*]. O discurso de Francisco não é apenas *pro forma*, mas traduz a sua postura de reforma do IOR, o "Instituto para as Obras Religiosas", a saber, a instituição bancária do Vaticano, autorizando tão somente ter contas as instituições católicas, os membros do clero, os funcionários e ex-funcionários do Vaticano, e as embaixadas, bem como seus respectivos corpos diplomáticos credenciados junto à Santa Sé. Realiza a auditoria com primeiro relatório financeiro certificado independentemente, sobre lavagem de dinheiro, que não era feito havia 126 anos, denunciando, assim, a existência de um "banco paralelo", bem como permitiu a investigação da justiça italiana, procurando total transparência. Tais medidas resultaram em uma queda de lucratividade de 96,6%, ou seja, passou de um lucro de 86 milhões de euros para 2,9 milhões, resultado da "recusa de dinheiro sujo de sangue". Os gestos de simplicidade de Francisco são apenas o ícone das reformas institucionais em vista do seu desejo: "[...] como eu gostaria de uma Igreja pobre, para os pobres" (*Corriere della Sera*, entrevista com o Papa Francisco, 17/03/2013).

Nesse desejo, vai até Lampedusa, sul da Itália, uma das principais rotas de entrada de refugiados do norte da África rumo à Europa, em sua primeira viagem oficial. Lampedusa, local tornado um cemitério no mar, onde morrem milhares em uma rota que, "ao invés de ser uma rota de esperança, é uma rota de morte", um problema que é como "um espinho no coração que faz doer", e indica o sentido de sua presença: "[...] senti o dever de vir aqui hoje para rezar, para cumprir um gesto de solidariedade, mas também para despertar as nossas consciências a fim de que não se repita o que aconteceu. Que não se repita, por favor" (*Viagem a Lampedusa*, 08/07/2013).

E em todas as viagens, em número de doze até o momento, isso se repete. Suas viagens, além de transmitir sua mensagem, são também para *rezar, cumprir um gesto de solidariedade* e *despertar a consciência*.

Assim procedeu quando, na Jornada Mundial da Juventude, quis visitar a comunidade de Varginha, no conjunto de favelas de Manguinhos, no Rio de Janeiro. Em seu discurso, disse: "Queria bater em cada porta, dizer 'bom-dia', pedir um copo de água fresca, beber um *cafezinho*". E confirma aos "mais simples" a "grande lição de solidariedade" que podem dar ao mundo, ou seja, a simplicidade, que é capaz de construir uma "cultura de solidariedade", pois vê no outro "não um concorrente ou um número, mas um irmão. E todos nós somos irmãos" (*Visita à comunidade de Varginha*, 25/07/2013).

Em sua visita à Terra Santa, adentra um território controlado pela Autoridade Palestina e resolve parar no Vale de Cremisan, junto ao muro com 400 quilômetros de extensão que divide o sul de Jerusalém e o bairro do Gilo da cidade do território palestino chamada Beit Jala, e ali reza pela paz, no maior símbolo de um conflito que já dura quase cinquenta anos e que Francisco chamou de "cada vez mais inaceitável", criticando a violência em nome de Deus. No campo de refugiados de Dheisheh, em Belém, deu voz às crianças que queriam dizer ao mundo "basta de sofrimentos e humilhações". E a elas disse que "a violência se vence com a paz" (*Encontro com as crianças no campo de refugiados de Dheisheh*, 25/05/2014).

Na Albânia, critica a violência, em uma viagem de carro aberto, apesar dos riscos de ataques de movimentos *jihadistas*, visita órfãos vítimas dos ataques terroristas e insiste em um clima de convivência pacífica entre católicos, ortodoxos e muçulmanos.

Na Turquia, se encontrou com os jovens refugiados em 2014 e, em 2105, chamou os massacres de armênios, em torno de 1,5 milhão de pessoas, de genocídio, fato que os turcos não reconhecem, apesar de mais de vinte países reconhecerem oficialmente tal evento. Francisco ainda faz menção ao eco desse genocídio, o "genocídio criado pela indiferença geral e coletiva" (*Homilia* na Basílica de São Pedro, 12/03/2015).

No Sri Lanka, reafirmou a importância do processo de reconciliação entre cingaleses e tâmiles, sendo o primeiro papa a visitar o território tâmil, na cidade de Madhu, que viveu uma guerra civil por trinta anos. Nas Filipinas, país em que também mais de um quarto da população vive abaixo da linha da pobreza, se encontrou com as crianças, que são submetidas a várias situações de vulnerabilidade social, como morar na rua, revirar lixo, prostituição, recrutamento por gangues criminosas. Ali ouviu da jovem Glyzelle palavras banhadas de lágrima:

> Muitas crianças foram abandonadas pelos seus pais. Muitas foram vítimas de coisas terríveis, como as drogas e a prostituição. Por que Deus permite que essas coisas aconteçam? As crianças não têm culpa. E por que tão poucas pessoas nos ajudam?

E respondeu Francisco espontaneamente, superando qualquer forma de teodiceia:

> Ela fez a única pergunta que não tem resposta. E não lhe vinham as palavras e teve de dizer com as lágrimas [...] Por que sofrem as crianças? Precisamente quando o coração consegue pôr a si mesmo a pergunta e chorar, então podemos compreender qualquer coisa [...] Somente quando Cristo chorou e foi capaz de chorar é que compreendeu os nossos dramas [...] Choram os marginalizados, choram aqueles que são postos de lado, choram os desprezados, mas aqueles de nós que levamos uma vida sem grandes necessidades não sabemos chorar. Certas realidades da vida só se vêm com os olhos limpos pelas lágrimas. Convido cada um de vós a perguntar-se: Aprendi eu a chorar? Quando vejo uma criança faminta, uma criança drogada pela estrada, uma criança sem casa, uma criança abandonada, uma criança abusada, uma criança usada como escrava pela sociedade? Oh! O meu choro não passa do pranto caprichoso de quem chora porque quereria ter mais alguma coisa? (*Encontro com os jovens em Manila*, 18/01/2015).

Francisco visitou Sarajevo, na Bósnia e Herzegovina, onde o Estado Islâmico convocou uma *jihad* nos Bálcás, e insiste na paz entre católicos, ortodoxos e muçulmanos, na superação da divisão de tempos de guerra civil em 1995, mostrando que é possível, em um país que tem 40% de muçulmanos, avançar em uma cultura de paz com o Cristianismo (*Visita a Sarajevo*, 06/06/2015).

Em sua visita aos Estados Unidos, iniciou por Cuba, e ali celebrou, em Holguín, cidade vizinha à prisão de Guantánamo, na base naval estadunidense. Nos Estados Unidos, com os que vivem sem abrigo, com as crianças e famílias de imigrantes, pede o fim de uma "mentalidade de hostilidade", bem como se reúne com as famílias que foram vítimas de pedofilia, em uma das cidades que mais foi atingida pelo escândalo, a Filadélfia, e ali diz que "Deus chora"! (*Seminário de São Carlos Borromeu*, 27/09/2015).

Na visita à África, clamou, insistiu "para que o mundo preste atenção na África", convidando os cristãos do mundo a não ficar apenas olhando "enquanto a indiferença e o egoísmo se difundem". E em visita a um bairro pobre de Kangemi, no Quênia, falou da "sabedoria dos bairros populares" que os discursos de exclusão parecem não reconhecer. Ali reconheceu a existência de um traço que a *Laudato Si'* (112) aponta: "Vós sois capazes de 'tecer laços de pertença e convivência que transformam a superlotação numa experiência comunitária, onde se derrubam os muros do eu e superam as barreiras do egoísmo'", "valores que não aparecem cotados na Bolsa, valores que não são objeto de especulação nem têm preço de mercado". Ali se encontra uma Igreja pobre com os pobres: "O caminho de Jesus começou na periferia, vai *dos* pobres e *com* os pobres para todos" (*Visita ao bairro pobre de Kangemi*, 27/11/2013).

Em Kampala, se encontrou com cerca de 150 mil jovens e ouviu seus relatos, marcados pelo sofrimento, como da Aids, do terrorismo, e de como as crianças desde muito cedo são conduzidas para os exércitos paramilitares. Também não teme visitar as regiões em guerra civil na República Centro Africana. Ali, onde há o maior foco de conflito, inaugurou o Ano Jubilar da Misericórdia, abrindo a Porta Santa da Catedral de Bangui, e declarou a cidade africana "capital espiritual do mundo" (*Abertura da Porta Santa da Catedral de Bangui*, 29/11/2015).

No México, visita os mais pobres em Chiapas, os que mais sofrem violência em Morelia, e os que sofrem com o problema da imigração em Ciudad Juárez, critica o menosprezo à cultura nativa, a "metástase devastadora" do narcotráfico, na visita aos detentos fala desse "ciclo de violência" que precisa ser rompido e suscita a esperança e a coragem para não caírem na "arma preferida do demônio", a "resignação" (*Visita ao Centro de Readaptação Social*, Ciudad Juárez, 17/02/2016). A opção pelos pobres de Francisco passa pela "cultura de encontro" e é evidenciada como atitude de simplicidade em se aproximar dos que sofrem e dar visibilidade maior possível à sociedade. Depois da visita de Francisco, o mundo passa a olhar as vítimas invisíveis da sociedade, os esquecidos pelos homens, mas não por Deus, e Francisco é seu profeta.

O diálogo como cultura de encontro: instrumento de paz e evangelização

O diálogo, em Francisco, é uma categoria fundamental e só é possível pela cultura de encontro, pois o diálogo se dá entre pessoas vivas, um elemento essencial para o discernimento da caridade. Devoto de Pedro Fabro, que levava as afirmações do outro até as últimas consequências, predisposto a acreditar mais que a duvidar, Francisco levanta alguns pontos que se apresentam como "novos caminhos" para o diálogo (EG 201):

1) *O tempo é superior ao espaço* (EG 222): tal dimensão sugere que houve "momentos" difíceis, enquanto "expressão do limite que se vive num espaço circunscrito", porém o "tempo" diz respeito à

"plenitude do horizonte" e supõe a abertura ao futuro, em uma sucessão de momentos, nos quais o Espírito suscita um alargamento da percepção das mudanças e daquilo que permanece como autêntico. Diante da realidade das coisas, a primazia do tempo leva à pergunta sobre qual processo conduziu a essa situação a fim de reverter o processo. Recusa-se uma definição condenatória do que é para uma compreensão do que se tornou e do que pode vir a ser.

2) *Unidade prevalece sobre o conflito* (EG 226): o conflito na condição humana é inevitável e por isso não pode ser "ignorado" ou "dissimulado", mas aceito. O que faremos com ele é o que nos diferencia, de modo que "enfrentar" o conflito implica "suportar", buscar "resolver" e transformar em oportunidade para um processo de pacificação.

3) *A realidade é mais importante do que a ideia* (EG 231): a distância conta mentiras, permitindo abstrações convenientes a si próprio, e incriminadoras de outrem, de modo a ocultar a realidade e criar abstrações de inúmeras ordens para justificar comodismos. O Evangelho sempre é desafiador, e o ato de fé é um apelo que emerge da realidade. As ideias podem estar a serviço de uma íntima resistência ao desafio sempre maior do Evangelho, por isso a cabeça pensa melhor a partir de onde os pés chegam.

4) *O todo é superior à parte* (EG 234): é próprio do discernimento procurar o bem maior, ou, ainda, o bem mais universal. Isso exige somar os olhares a fim de obter uma perspectiva mais ampla da complexidade da realidade. Francisco usa para isso o modelo do "poliedro", que "reflete a confluência de todas as partes". Nessa confluência está contida toda a ação do Espírito sobre seu povo, "acadêmicos e operários, empresários e artistas", até mesmo as "pessoas que possam ser criticadas pelos seus erros têm algo a oferecer que não se deve perder". O discernimento acontece em comunidade, e é confirmado por esta, em sua dinâmica de caminhar de Babel a Pentecostes.

5) A ênfase no *diálogo social como contribuição para a paz* (EG 238-258): o diálogo é o principal aspecto mencionado na *Evangelii Gaudium* e também é graça, que supõe, portanto, o desejo "de", o esforço cooperativo de insistência, e a cultura do encontro que permite o alargamento de perspectivas da realidade, desprovida de subterfúgios. O diálogo social é um instrumento de transformação e deve acontecer entre: a) o Estado e a sociedade; b) com as cosmovisões das culturas e das ciências; e c) com outros crentes como "caminhos de paz para um mundo ferido". Nesse sentido, pode-se melhor entender os gestos de Francisco que promovem uma cultura do encontro para o diálogo e para a paz.

Como Bispo de Roma, desde o primeiro dia do pontificado se apresenta com o desejo de recuperar a sinodalidade no governo da Igreja, tema muito caro aos bispos do imediato pós-Concílio. Em 2014, Francisco vai a Caserta, Itália, na Igreja Evangélica da Reconciliação, para se encontrar com seu amigo, Pastor Giovanni Traettino, e pede perdão pelos católicos que são tentados pelo diabo a não compreender o diálogo, e fala de uma "diversidade reconciliadora", criada pelo próprio Espírito Santo, que "faz a diversidade" (*Visita privada a Caserta*, 28/07/2014). Em 2015, novamente recebe em audiência privada cerca de cem pastores pentecostais (*Encontro do papa com pastores pentecostais*, 08/05/2015). Também na África, reúne-se com as comunidades evangélicas na Faculdade de Teologia Evangélica de Bangui e diz: "Estamos todos aqui a serviço do mesmo Senhor ressuscitado, que hoje nos reúne" (*Encontro com as comunidades evangélicas*, 29/11/2015).

O tema da sinodalidade, em Francisco, se estende ao Cristianismo ortodoxo, e na Terra Santa, em 2014, inicia "um passo novo e necessário no caminho para a unidade" com o Patriarca ecumênico de Constantinopla Bartolomeu I, ao dizer que estar pronto para discutir o primado petrino, bem como decidem que as duas tradições se encontrarão, em 2025, em Niceia, por ocasião dos 1700 anos do primeiro Concílio. Em sua visita à Turquia, em declaração conjunta com Bartolomeu I, reafirma os esforços de "unidade da comunhão na legítima diversidade [...] bem cientes de que a unidade se manifesta no amor de Deus e no amor do próximo, olhamos com ansiedade para o dia em que poderemos finalmente participar juntos no banquete eucarístico" (*Declaração conjunta do Papa Francisco e do Patriarca ecumênico Bartolomeu I*, 25/05/2014). Em sua viagem ao México, encontra-se, no aeroporto de Cuba, com o Patriarca de Moscou e de toda a Rússia, Kirill, e assinam uma declaração conjunta em que se apresentam como "irmãos" separados desde 1054, na qual ambos convidam as respectivas Igrejas da Ucrânia a se empenharem na "atividade de construir a paz" (*Declaração em comum do Papa Francisco e do Patriarca Kirill*, 12/02/2016).

Nessa mesma viagem faz menção a Cuba como possível "capital da unidade", e no texto da declaração fala da ilha como "encruzilhada entre norte e sul, entre leste e oeste", pois, em 14 de dezembro de 2014, Francisco mediou o fim do embargo entre Estados Unidos e Cuba, o último avatar, o último resquício da Guerra Fria. Ainda, em Jerusalém convida a um encontro de oração o presidente da Palestina e o presidente de Israel, na ocasião do *Regina Coeli* em Belém:

> Neste lugar, onde nasceu o Príncipe da Paz, desejo fazer um convite a Vossas Excelências, senhor presidente Mahmoud Abbas e senhor presidente Shimon Peres, para elevarem, juntamente comigo, uma intensa oração, implorando de Deus o dom da paz. Ofereço a minha casa, no Vaticano, para hospedar este encontro de oração. Todos desejamos a paz; muitas pessoas a constroem dia a dia com pequenos gestos (*Regina Coeli*, 25/05/2014).

Em suas viagens, tem se encontrado com líderes de diversas religiões, como, na Coreia do Sul, com os líderes das principais ordens do Budismo, do Confucionismo, protestantes e ortodoxos, e assim se pronuncia:

> A vida é um caminho – um caminho longo, mas um caminho – que não se pode percorrer sozinho; é preciso caminhar com os irmãos, na presença de Deus [...] somos irmãos, reconhecemo-nos como irmãos e caminhamos juntos (*Encontro com líderes religiosos da Coreia*, 18/04/2014).

Na visita à Albânia, fala do diálogo com muçulmanos, ortodoxos e protestantes, como um caminhar juntos como irmãos fazendo o bem:

> Aquilo que nos é comum é a estrada da vida, é a vontade de partir da própria identidade para fazer o bem aos irmãos e irmãs. Fazer o bem! E assim, como irmãos, caminhamos juntos [...] Depois, o diálogo pode avançar sobre questões teológicas, mas o que é mais importante e belo é caminhar juntos (*Encontro com líderes de outras religiões e outras denominações cristãs*, 21/09/2014).

Seu apostolado do diálogo e seus esforços por uma cultura do encontro se manifestam ainda no diálogo com as famílias, no qual convoca os bispos para falarem com sinceridade e ter a caridade de ouvir. Convida a Igreja a ser "uma mãe de coração aberto" a acolher o povo para celebrar seus Mistérios, sobretudo aquele que é a "porta", o Batismo. E novamente seus gestos lançam luz sobre as questões quando o próprio Francisco decide batizar o filho de uma mãe "solteira". Conta a própria Anna Arezzo que o papa pessoalmente ligou para ela e mencionou a carta que ela havia enviado contando a decisão de levar a gravidez até o fim, mesmo sendo abandonada pelo pai biológico da criança. Disse-lhe Francisco: "Vou batizar o seu filho. Nós, cristãos, não devemos levar a esperança embora" (*Vatican Insider*, reportagem de Giacomo Galeazzi, 09/06/2013). Tal postura revela o primado da misericórdia que deve reger a cultura do encontro.

Diante da exortação a respeito da Eucaristia, a qual "não é um prêmio para os perfeitos, mas um remédio generoso e um alimento para os fracos", salientando que tais "convicções" têm também "consequências pastorais, que somos chamados a considerar com prudência e audácia", pois "a Igreja não é uma alfândega; é a casa paterna, onde há lugar para todos com a sua vida fadigosa" (EG 47), indica a necessidade de discernimento para cada caso como um dos resultados do Sínodo das Famílias e passa a tratar da questão dos processos de nulidade como um problema pastoral, não meramente jurídico.

Desse modo, institui o Ano Jubilar da Misericórdia como tempo favorável para crescer na consciência e acolher a graça do primado da misericórdia, e assim cuidar das famílias. Em seu encontro com as famílias nas Filipinas, lembra a intenção de Paulo VI de preservar o valor da família, na *Humanae Vitae*, porém recorda as palavras do mesmo pontífice ao pedir "aos confessores que fossem muito misericordiosos e compreensivos com os casos particulares", enfatizando, assim, a paternidade e a maternidade responsáveis (*Encontro das famílias*, Manila, 16/01/2015), pois discernimento da caridade supõe encontro com a realidade e pessoas concretas, com as quais se deve dialogar.

Conclusão

Tais gestos de Francisco desvelam uma pedagogia do Evangelho, em uma dinâmica parabólica entre palavras e gestos, nos quais se desvela a sua consciência pós-conciliar, a saber: a superação do "divórcio entre teologia e pastoral, entre fé e vida, foi precisamente uma das principais contribuições do Concílio Vaticano II", de modo "que tenha revolucionado o estatuto da teologia, a maneira do fazer e do pensar crente" (*Videomensaje al Congreso Internacional de Teología de la UCA*, 2015).

A DOUTRINA SOCIAL DA IGREJA INTERPRETADA POR FRANCISCO
A ENCÍCLICA LAUDATO SI'

Donizete José Xavier

No ano da Conferência do Clima (COP-21), convocada a realizar-se em dezembro, em Paris, para a próxima rodada de negociações das Nações Unidas sobre o tema mudanças climáticas, o Papa Francisco, antecipadamente, convoca, profeticamente, todos os homens à tomada de consciência de que toda a Criação pede um ato de amor e de misericórdia. No dia 17 de junho de 2015, na audiência geral na Praça de São Pedro, em Roma, o Sumo Pontífice anunciou a cerca de 25 mil fiéis oriundos de todas as partes do mundo a publicação da sua nova encíclica sobre o cuidado da casa comum, responsabilidade de todos, com as seguintes palavras: "Amanhã, como vocês sabem, será publicada a encíclica sobre a casa comum, que é a Criação. Esta nossa casa está se danificando e isso atinge a todos, especialmente os mais pobres. O meu apelo é o da responsabilidade com base na tarefa que Deus deu ao ser humano na Criação, conservar e preservar o jardim que ele nos deu. Convido a todos a acolher este documento que se coloca na linha da Doutrina Social da Igreja" (*Rádio Vaticano*, 2015).

No dia 21 de julho desse ano, o Papa Francisco fez questão de participar do encontro dos prefeitos das cidades de todo mundo, organizado pelo Vaticano, cuja temática era o tráfico de seres humanos, a questão das mudanças climáticas e o desenvolvimento sustentável. Ao elucidar a sua esperança de que as Nações Unidas promovam de fato um acordo de base fundamental, que traga ao horizonte do compromisso ético o cuidado com a pessoa humana, uma vez que é urgente pensar o desenvolvimento no seu sentido integral, o papa afirma: "Cuidar do ambiente significa uma atitude de ecologia humana. Já não podemos dizer a pessoa está aqui, e a Criação e o ambiente estão ali. A ecologia é total, é humana. Foi o que eu quis expressar na encíclica *Laudato Si'*. Que não se pode separar o homem do resto. Existe uma relação de incidência mútua. Seja do ambiente sobre a pessoa, seja da pessoa no modo como trata o ambiente. E, também, o efeito de 'rebote' contra o homem, quando o ambiente é maltratado" (*Rádio Vaticano*, 2015). Aqui, o papa é incisivo ao afirmar: "[...] a minha encíclica não é uma 'encíclica verde', mas uma 'encíclica social', porque, dentro dela, da vida social do homem, não podemos separar o cuidado com o ambiente. Mais ainda, o problema do ambiente é uma atitude social, que nos socializa" (*Rádio Vaticano*, 2015).

O apelo de proteção à casa comum

Por detrás das palavras de Francisco, encontramos um pastor zeloso que lança ao mundo uma voz profética que surge em nossa história com ousadia testemunhal. A voz de Francisco que emana da encíclica *Laudato Si'* ecoa nos quatro cantos do mundo, convidando-nos a enfrentar simultaneamente o problema do desenvolvimento humano e a questão do cuidado com o planeta, sob a valorização espiritual do aspecto cosmológico da fé na Criação diante do antropológico. O planeta é a casa comum de todos, cujo Deus, seu Criador, em sua bondade e sabedoria, conservando-o (*conservatio mundi*), convida o homem, seu interlocutor, ao exercício cooperativo-ético-ecológico como tarefa específica da fé na Criação (KEHL, 2006, p. 554).

Francisco expressa seu apelo de proteção à nossa casa comum (LS 13), e, então falando do amor de Deus por tudo aquilo que ele criou (*creatio ex amore*), resgata o primado ontológico da Criação, onde Deus se nos apresenta como sujeito da *creatio continua* e o homem aparece como seu colaborador. "O Criador não nos abandona, nunca recua no seu projeto de amor, nem se arrepende de nos ter criado. A humanidade possui ainda a capacidade de colaborar na construção da nossa casa comum" (LS 13). Se somos capazes de compreender a força semântica dessa intuição de Francisco, podemos explicar melhor, a nós mesmos e aos outros, a relação entre a ecologia humana e a ecologia social, uma vez que ambas tecem cosmologicamente a ideia de ecologia como ciência do *habitat* humano (BOFF, 2004, p. 20).

No interior da preocupação do Sumo Pontífice há a atenção pela ética ecológica com sua reverência pela vida e, concomitantemente, como princípio fundamental e absoluto da conduta moral de cada pessoa humana. A ética ecológica que da encíclica *Laudato Si'* se descortina finca suas raízes nos princípios da Doutrina Social da Igreja, compreendida aqui como: "fruto da fidelidade da Igreja à sua tradição e à sua doutrina, bem como fruto de sua constante preocupação de atualização para responder aos desafios emergentes" (ÁVILA, 1993, p. 165).

Há um saber sapiencial na exortação ecológica de Francisco que tende a colher as razões últimas da condição existencial do ser humano. Este é antes de tudo um ser de relações. Na totalidade do seu mistério, o homem é relação com Deus e com a Criação. Teologicamente, é inconcebível compreender o homem fora dessa tríade relacional. O que nos permite dizer, diante da sensibilidade ecológica de Francisco, que precisamos, urgentemente, assumir o problema climático como antropogênico, compreendendo o "cuidado da casa comum" não somente como compromisso ambientalista, mas, efetivamente, como compromisso ético-eco-teológico. Cuidar é algo apriorístico na dinâmica existencial do ser humano (BOFF, 2014,

p. 38). É um modo de ser original, o que implica dizer que ignorar esta condição ontológica é cometer uma espécie de pecado ecológico que afeta toda a Criação. O descobrimento da verdade moral e ética, diante dos desafios da contínua aceleração das mudanças na humanidade e no planeta, se situa, aprioristicamente, na autêntica consciência e responsabilidade da razão sócio-histórica do homem (LS 18).

O elemento norteador da reflexão de Francisco sobre o que está acontecendo com nossa casa comum (LS 17) inscreve-se, antes de tudo, numa percepção fundamental e na valorização de uma mística da natureza. Por outro lado, a preocupação antropológica que emerge da encíclica *Laudato Si'* é tendente a levar em consideração o homem em sua totalidade e complexidade. Daí a percepção de encontrar tacitamente no escrito de Francisco a ideia do homem fenomênico, como pensara Paulo VI. A pessoa humana está alocada no centro de sua reflexão, o que significa dizer que não se trata de um conceito abstrato do homem, mas de uma visão real e concreta deste ser fenomênico pensado e querido por Deus, por isso possuidor de uma dignidade sagrada e inviolável (LS 43). A proposta de Francisco, de se pensar uma ecologia integral, toca as categorias centrais do humanismo cristão, que se radica no coração do Evangelho da Criação (LS 62-100).

A relação do homem, com Deus, com os outros e com a Criação, é, *conditio sine qua non*, da tessitura do mistério do seu existir. Consequentemente, ao danificar uma dessas três relações, as outras duas ficam submetidas ao jogo dissimétrico do antropocentrismo despótico denunciado por Bergoglio (LS 115-123). O homem não é um ser soberano por si mesmo, é, de per si, um ser de relações. Nesses termos, a denúncia do Papa Francisco em relação ao antropocentrismo moderno e despótico coloca em evidência que para a tradição bíblica, para o Evangelho da Criação, tal prática realizada pelo homem não passa de uma aberração do uso de sua autonomia. Se o termo despótico é similar ao termo tirania, mais ainda, se "tanto o déspota como o tirano não reconhecem nenhuma lei acima da sua própria vontade" (ÁVILA, 1993, p. 155), Francisco é profético ao dizer que o poder humano tem limites e que "cada criatura tem uma função e nenhuma é supérflua (Agência *Eclesia*, 2015).

A Bíblia coloca Deus no princípio como um sujeito pessoal dotado de liberdade, vontade e amor. Há um princípio criador que se desdobra historicamente como ação originária e como desígnio pessoal de amor de Deus. Tomar consciência disso é assumir, como afirma Bergoglio, que: "a interpretação correta do ser humano como senhor do universo é entendê-lo no sentido de administrador responsável" (Agência *Eclesia*, 2015).

Da denúncia do antropocentrismo despótico Francisco aponta para a ideia nevrálgica de uma antropologia integral. É nesse quadro que se aloca a questão da dignidade humana e a realização da pessoa em sua dimensão social (LS 120). Nessa preocupação de Francisco se faz menos apelo à fulminação ambiental do que a um trabalho de inserção no coração do mundo, onde as opções de caráter ecológico podem ser incorporadas à decisão coletiva. Verifica-se aí uma modalidade ético-teológica inteiramente nova. Ela exige de todos nós uma familiaridade maior com o dom precioso de nossa ação, com o que podemos fazer de melhor em nossa relação com o outro. Da ideia de uma antropologia integral, sugerida por Francisco, emana-nos a possibilidade de experimentarmos um profundo aprendizado desse regime de opção coletiva e ecológica.

Somos todos feitos da mesma terra e estamos todos unidos na mesma aventura existencial onde é mais humano a paixão pelo possível do que a paixão pelo limite, pelo imediatismo gerador de uma mentalidade de consumo e do descarte. Sendo assim, somente o sentido pela responsabilidade e pelo outro é capaz de substituir o sentimento de vazio provocado pelo antropocentrismo despótico (LS 68) que afeta o homem de hoje, que submete os pobres à lógica de consumo que procura transformar tudo em objeto de manipulação e troca (LS 68). É um dever moral a solidariedade para com os pobres e uma urgência ética a mudança no padrão de consumo para que todos possam consumir (LS 117).

Com essa fina sensibilidade do Papa Francisco, em relação à vida do homem, exige-se de nós a consciência de que, enquanto sujeitos deste mundo em constante mudança, o que temos mais necessidade é de uma espécie de exploração geográfica das verdadeiras questões sociais e ambientais que afetam a condição existencial do homem. O mundo enquanto Criação amorosa de Deus, possuidor de tantas dádivas e abundâncias naturais, não pode aceitar que tantas pessoas, principalmente os pobres, estejam submetidas a um sofrimento desnecessário. Isto Francisco nos propõe, com categorias proféticas: ou entramos efetivamente num processo de *metanoia*, ou seremos responsabilizados, diante das gerações futuras, pela nossa desatenção e irresponsabilidade com o nosso planeta. O que Francisco nos sugere é ter um olhar de misericórdia para toda a Criação. Daí a importância de se acentuar que o objetivo de uma relação eticamente justa com os fundamentos da vida humana e com outras criaturas se traduz teologicamente no enunciado da encíclica: "sobre o cuidado da casa comum". Cuidar da natureza e dos seres viventes é, no sentido moderno do termo, ético-eco-teológico. A palavra de Francisco que se destaca nesse contexto é "justiça intergeracional". É sobre a noção de compromisso que temos de comprometer-nos, eticamente, com as futuras gerações (LS 159-160).

Diante de todas as observações que fizemos até o exato momento, é oportuno insistir sobre a necessidade de manter o mesmo liame entre a fé na Criação e a ética ecológica presente na *Laudato Si'*: não é suficiente, de fato, limitar-se a falar sobre sustentabilidade e garantia do futuro do planeta para as próximas gerações somente em termo de garantia de recursos naturais; é necessário adentrar na consideração das estruturas categóricas que estão na base da fé na Criação e na ética ecológica. O Papa Francisco realiza um verdadeiro exercício hermenêutico sobre a Criação e sobre o homem, trazendo essas categorias ao jogo da nossa interpretação no quadro de uma perspectiva de ordem teológico-racional que encadeia todas as coisas criadas numa rede de conectividade. Daí a importância de se aproximar do sentido ético-teológico descortinado pela encíclica *Laudato Si'*, cuja filigrana textual nos remete à lógica da Doutrina Social da Igreja e, concomitantemente, à mensagem bíblica da Criação no momento em que o Deus Criador confia a terra ao homem como administrador, cujo cuidado responsável está colocado sob o poder de suas mãos (KEHL, 2012, p. 127).

Nas pegadas da Doutrina Social da Igreja

Para o Papa Francisco, a questão da ecologia humana é inseparável da noção de bem comum, da dignidade da pessoa humana e do princípio de subsidiariedade, conceitos fundamentais da Doutrina Social da Igreja (Compêndio da DSI 132-134; 164-171; 171-184; 185-188). No coração da encíclica *Laudato Si'* encontra-se a chave do pensamento social de Francisco. Nas palavras de Michael Czerny, jesuíta canadense, membro da equipe de assessoria de Bergoglio para a redação final da encíclica, *Laudato Si'*, em sua perspectiva interpelativa com o cuidado com a casa comum, é a mais recente da série de encíclicas que desenvolveram a Doutrina Social da Igreja desde a *Rerum Novarum* do Papa Leão XIII, em 1891. De fato, a Doutrina Social da Igreja é um *corpus*, um conjunto doutrinal que pensa sobre um problema determinado, a questão social. Cabe, aqui, recordar que a Igreja, em todas as suas encíclicas sociais, consciente de sua tarefa de diálogo com o mundo, sempre reivindicou o seu direito de pronunciar-se sobre os problemas criados pela realidade social e pelas mudanças que nela ocorrem.

A Doutrina Social da Igreja é fruto da tomada de consciência, no seio do Magistério eclesiástico, das "coisas novas" que estavam e continuam acontecendo, colocando em destaque, no momento de sua gênese, a "miséria imerecida" dos assalariados. Tecida progressivamente desde sua encíclica-mãe, a *Rerum Novarum*, ela quer dar uma resposta aos sinais dos tempos, cuja sensibilidade emana da consciência do Catolicismo social. Nas palavras do sociólogo Exequiel R. Gutierrez, "é impossível compreender a gênese e a evolução da Doutrina Social da Igreja sem evocar toda uma geração de católicos sociais, cardeais, bispos, sacerdotes e leigos europeus e norte-americanos. Estes, mediante uma rica reflexão teórica e uma multiforme ação social, iniciaram o processo de reencontro da Igreja com os assalariados industriais e tornaram possível a formação da Doutrina Social da Igreja" (GUTIERREZ, 2005, p. 16).

Conhecer essa razão genesíaca é orientar-se para a tentativa de respostas efetivas às "coisas novas" que afetam a existência humana, ou, ainda, aos "sinais dos tempos", como acentuara o Concílio Vaticano II. O percurso do reconhecimento do que seja a Doutrina Social da Igreja desdobra-se desde a consciência do assalariado industrial no contexto histórico-socioeconômico em que se afronta o pontificado do Papa Leão XIII até o contexto atual de exploração e miséria que afeta diretamente pobres dos países do Terceiro Mundo. A questão que se coloca é a emergência de novas respostas em âmbito global. Parece ser esta a sensibilidade profética de Francisco, uma vez que o Sumo Pontífice denuncia proféticamente a conexão casual entre as duas injustiças que afetam o existir humano: a ecológica e a social. Nas palavras do Papa Francisco, as exigências do nosso tempo, a crise ecológica, exigem que se pense uma nova concepção de ecologia humana, onde se inclua efetivamente o caráter social.

Nas pegadas das encíclicas sociais anteriores, o Papa Francisco lança um olhar reflexivo à luz da fé sobre as circunstâncias desafiantes da atualidade, consequentemente, ajuda-nos a pensar, à luz da

Doutrina Social, princípios fundamentais da existência humana. A dignidade da pessoa humana, a solidariedade e a subsidiariedade, o bem comum e a destinação dos bens são princípios balizadores da realidade social em seu conjunto. Esses princípios foram ressaltados de uma forma ou de outra nas encíclicas sociais da Igreja.

Vale a pena recordá-las, ainda que seja rapidamente: a) *Rerum Novarum*, de 15 de maio de 1891 (Leão XIII), cuja denuncia emergia sobre as condições desumanas do trabalho da classe operária; b) *Quadragesimo Anno*, de 15 de maio de 1931 (Pio XI), a justiça social como princípio regulador de uma justa distribuição e sinônimo do bem comum; c) *Pacem in Terris*, de 11 de abril de 1963 (João XXIII), em meio à Guerra Fria, um apelo à paz entre as nações e, consequentemente, a condenação da corrida armamentista; d) *Mater et Magistra*, de 15 de maio de 1961 (João XXIII), realiza uma profunda leitura dos "sinais dos tempos"; e) *Populorum Progressio*, de 26 de março de 1967 (Paulo VI), o texto denuncia o agravamento do desequilíbrio entre países ricos e pobres, critica o neocolonialismo e afirma o direito de todos os povos ao bem-estar; f) *Centesimus Annus*, de 1º de maio de 1991 (João Paulo II), que, examinando a globalização, recorda os princípios da *Rerum Novarum* e como se conserva até hoje tais princípios numa aplicabilidade diante dos desafios das novas realidades. Por outro lado, a encíclica de João Paulo II refere-se à questão ecológica, relacionando-a com o problema do consumismo, o que o papa chamará de "erro antropológico".

Perseguindo esse percurso social, num contexto de preocupação com a justiça para com os pobres, na lógica da Doutrina Social da Igreja, o Papa Francisco nos fala de uma ecologia ambiental, econômica e social (LS 138-142), trinômio inseparável para que se possa refletir seriamente a ideia de ecologia integral. Para o Sumo Pontífice, falar de "meio ambiente" é fazer, concomitantemente, referência "entre a natureza e a sociedade que a habita" (LS 139). Francisco faz menos apelo à fulminação de uma crise ambiental do que um trabalho de conscientização de que não se trata de duas crises separadas, mas uma única e complexa crise socioambiental (LS 139).

Para o Sumo Pontífice, a melhor forma de combatermos essa realidade complexa chamada crise socioambiental, que afeta todos os homens, é o reconhecimento do valor intrínseco e a dignidade de todos os seres humanos. Por outro lado, é preciso recolocar, em termos de consciência existencial, que cada pessoa carrega dentro de si uma sacralidade apriorística que a vincula a todas as realidades criadas. A sua dignidade é inviolável, uma vez que não se reduz a puro imanentismo, mas é a condição de filiação de Deus que imprime no homem um destino sobrenatural e eterno. "O respeito a essa dignidade é a garantia suprema da ordem social" (ÁVILA, 1993, p. 158).

Nesse sentido, é preciso retomar sistematicamente a reflexão sobre a ecologia de modo mais essencial e integral. Mas, antes de tudo, para não sermos apressados em nossa conclusão, é mister compreendermos o caminho proposto por Francisco recordando o desdobramento histórico do conceito ecologia. Cabe, aqui, enunciar que o termo ecologia (*oikos*, casa) foi introduzido pelo biólogo Ernst Haeckel (1834-1919), indicando primeiramente o objeto de pesquisa da biologia que diz respeito às inter-relações entre os seres viventes e o ecossistema. No século XX, com a tomada da consciência com as questões ambientais, passou-se a entender ecologia como interdependência entre o ambiente transformado pelo ser humano e a biosfera com todos os seres viventes e os ecossistemas (KEHL, 2012, p. 128).

Uma vez compreendido o termo de ecologia, percebemos que a encíclica *Laudato Si'* apresenta uma ideia desse conceito na relação entre a fé judaico-cristã na Criação e a ética ecológica. Fica-nos claro que o Papa Francisco não segue o uso linguístico comum, segundo o qual se compreende por natureza tudo aquilo que é "criado". A encíclica opta pelo termo Criação, uma vez que sua teologia exige que se coloque em termos de ecologia sua relação com o compromisso ético que compete à pessoa humana no quadro dinâmico de sua existência.

O Evangelho da Criação

Mas o ser humano não pode salvar a Criação, isso é prerrogativa exclusiva do seu Criador. Ele é, por vocação, o cuidador da natureza, de todos os seres viventes. Esse é o seu compromisso ético diante de toda a Criação. O Papa Francisco, no segundo capítulo da *Laudato Si'*, intitulado "O Evangelho da Criação", assume as nuances da fé, pois nos textos sobre a Criação (Gn 1–2) a natureza é vista como aquela esfera da Criação de Deus confiada ao homem. Este será sempre o seu cuidador, o colaborador a quem Deus tem confiado todo o cuidado com a casa comum. A função do cuidado confiado aos homens por Deus é, por excelência, dom precioso do Criador que deve ser guardado e cultivado pelos homens. Há uma "divina missão" colocada nas mãos dos homens: colaborar com o seu Criador no processo contínuo da Criação, recriando este mundo que constantemente clama por amor e justiça, pois é um mundo que tem fome e sede de Deus.

A perspectiva no interior da qual o Papa Francisco se coloca indica antes de tudo que a ecologia é um grande grito pela vida, pela paz e pela integração de tudo e de todos. Diante dessa fina sensibilidade do Sumo Pontífice, emerge a figura de São Francisco de Assis como símbolo da integração e do cuidado, pois nele, como afirma o papa, "se nota até que ponto são inseparáveis a preocupação com a natureza, a justiça para com os pobres, o empenho na sociedade e a paz interior" (LS 10).

Francisco e a opção preferencial pelos pobres

O santo de Assis é inspiração ao Pastor da Igreja universal, que não se cansa de expressar o seu desejo "de uma Igreja pobre para os pobres", uma Igreja em saída que esteja com os pobres. Essas palavras do Papa Francisco recordam-nos o que Puebla sacramentou: a opção preferencial e solidária pelos pobres (BOFF, 1996, p. 98).

A opção preferencial pelos pobres, segundo Gustavo Gutiérrez, tem uma dimensão teocêntrica, e nesse sentido significa uma opção pelo Deus que se revela no cerne da história. A opção pelos pobres, no pós-Concílio, tem sido uma marca da Igreja latino-americana, exclusivamente nas conferências de Medellín, Puebla, e retomada com novas nuances em Aparecida (DAp 392, 394-396). Bergoglio atua como presidente da redação do texto do Documento de Aparecida, o que esclarece a atenção e o prestígio que o Sumo Pontífice confere ao documento. Ao expor o ensinamento social da Igreja, conclamando justiça social e resgate dos pobres, o número 392 é inspirador: "Nossa fé proclamada que 'Jesus Cristo é o rosto humano de Deus e o rosto divino do homem'. Por isso, a opção preferencial pelos pobres está implícita na fé cristológica, naquele Deus que se fez pobre por nós para nos enriquecer com sua pobreza". A opção preferencial pelos pobres nasce da fé na pessoa de Jesus Cristo.

Uma significativa referência à opção preferencial pelos pobres também se encontra no Compêndio da Doutrina Social da Igreja. No número 184, esclarece que "o amor da Igreja pelos pobres inspira-se no Evangelho das bem-aventuranças, na pobreza de Jesus e na sua atenção aos pobres". Fica-nos claro que Bergoglio sistematiza o seu pensamento teológico a partir do lugar social em que vivera. Daí a importância que confere à sua experiência pastoral nas periferias da Buenos Aires e à Conferência de Aparecida, com sua reafirmação pela opção pelos pobres selada em Medellín (1966) e Puebla (1979). O Papa Francisco se coloca na esteira de uma sensibilidade a um autêntico *auditus temporis et alterius*, nuances herdadas da *Nouvelle Theologie*.

Como leitor dos "sinais dos tempos" ou das "coisas novas" que emanam das situações reais do mundo atual em que vivemos, Francisco apresenta-se ao mundo com lucidez profética, descortinando do tema da ecologia o cuidado da casa comum, a atenção com cada pessoa, especialmente diante dos seus dramas e sofrimentos. A sua preocupação revela que a Igreja tem a obrigação de examinar, à luz do Evangelho, não somente as questões doutrinais, mas também os atos da vida e as experiências humanas que se inscrevem como sinais dos tempos (GS 4).

O método ver, julgar e agir em Francisco

A encíclica de Francisco obedece sistematicamente ao método *ver, julgar e agir*, famoso esquema pedagógico do Cardeal belga Joseph Léon Cardijn (1882-1967), utilizado pela primeira vez em um documento da Igreja na encíclica de João XXIII *Mater e Magistra*, de 15 de maio de 1961, por sugestão do próprio Cardeal Cardijn, quando das comemorações dos setenta anos de aniversário da encíclica *Rerum Novarum*, do Papa Leão XIII. A pedagogia apostólica da Ação Católica tornou-se prática habitual na Igreja, uma vez que a ajuda, em sua prática pastoral, a situar-se diante da realidade concreta e, à luz da Palavra de Deus, a efetuar uma ação concreta de transformação da realidade que se configure como prática do amor e da justiça. Do método *ver, julgar e agir* podemos, ainda, colher grandes benefícios, entre os quais a clarificação dos conteúdos transmitidos, permitindo, assim, vincular fé e vida. Em termos de uma pedagogia adotada por um papa jesuíta, poder-se-ia dizer que a encíclica *Laudato Si'* é claramente moldada pela pedagogia assumida pelos jesuítas, a qual se traduz em "ação-reflexão-ação" (PEPPARD, 2015, p. 116).

Partindo de uma reflexão que se constrói a partir das realidades concretas, o que está acontecendo com a nossa casa, Francisco assume o percurso indutivo, da dinâmica interna da teologia que evidencia a sua condição anabática. Nesse sentido, o *ver* metodológico da encíclica acentua esse olhar científico para toda a Criação, coletando "dados mais seguros das ciências para compor o quadro real das questões mais relevantes" (BOFF, 2015). A encíclica, neste momento, faz um diagnóstico minucioso dos males do planeta: poluição, mudanças climáticas, desaparecimento da biodiversidade, débito ecológico entre o norte e o sul do mundo, antropocentrismo despótico, predomínio da tecnocracia e da finança que leva a salvar os bancos em detrimento da população, propriedade privada não subordinada ao destino universal dos bens.

O momento do *julgar* tece-se, efetivamente, por dois movimentos: o científico-analítico e o teológico, sendo que este segundo coloca em evidência a necessidade de uma justa hermenêutica sobre os textos da Criação, como insiste o Papa Francisco (LS 65-75). A ideia nevrálgica que daqui se descortina é que o homem, mais do que dominador, é aquele que está chamado responsavelmente a ser colaborador de Deus da herança recebida de Deus. Toda a Criação está confiada ao homem, que deve atuar não como o seu dominador, mas seu administrador, uma vez que a ele está confiada a transmissão deste legado às futuras gerações. Assim, cresce a responsabilidade do homem de ser o "cuidador" da Criação, uma vez que é chamado por Deus, seu Criador, a ser seu legítimo colaborador. Nasce, daqui, uma ética ecológica, ou, ainda, um compromisso ético-teológico que anuncia uma ecoteologia tão acentuada na *Laudato Si'*.

No momento do *agir*, Francisco, no jeito simples de dizer as coisas, oferece-nos pistas concretas no cuidado da casa comum (LS 163-201). Por fim, Bergoglio, numa perspectiva profundamente construtiva de uma espiritualidade ecológica, convida-nos ao processo autêntico de *metanoia*. Converter-se para o novo apresentado por Deus na história dramática que experimentamos. Esse processo de conversão exige, de per si, que se abra um olhar de misericórdia sobre a Criação. Nessa perspectiva, a encíclica de Francisco convoca todos a uma "autêntica conversão ecológica", uma mudança radical de mentalidade e de postura, permitindo que o homem assuma seu compromisso com o seu Criador, traduzindo-o em compromisso ético, cuidando responsavelmente da casa comum. O homem, enquanto colaborador de Deus na Criação, tem compromisso de encontrar meios legítimos para erradicar a miséria e promover a igualdade de acesso para todos os recursos do planeta. Daí o cunho denunciante da encíclica à cultura do descartável.

Conclusão

Um olhar misericordioso sobre a Criação poderia resumir a intuição de Francisco ao escrever sua encíclica social *Laudato Si'*. O Sumo Pontífice convida-nos a tomar consciência do mistério que nos habita e, concomitantemente, da responsabilidade que temos com o cuidado com a casa comum; saibamos dizer não à cultura do descartável, com todas as suas realidades que atestam o processo sutil de desumanização a que estamos submetidos.

Uma encíclica construída sob os pressupostos de uma autêntica doutrina social chama-nos a atenção para a necessidade de uma nova economia, que seja mais atenta à ética e ao compromisso com a vida de todos, principalmente a dos pobres, vitimados pela sociedade de consumo, submetidos a um sofrimento desnecessário. Francisco é enfático: o lucro não pode estar acima da dignidade da pessoa. O compromisso eco-ético-teológico atesta a preocupação com a ecologia humana e ambiental. Ambas caminham juntas e fazem parte de uma consciência fundamental da fé que se ocupa efetivamente da construção da vida social do homem. A encíclica de Francisco é propositiva, tanto em relação ao resgate do valor e a tutela de cada vida humana como em relação ao diálogo entre política e economia e a ideia de uma nova economia atenta à ética.

A encíclica de Francisco expõe que devemos investir responsalvemente na formação para uma ecologia integral, num quadro de um processo de *metanoia* que nos permita compreender que o ambiente é um dom de Deus, uma herança comum que se deve administrar e não destruir. Somos, por vocação e por chamado, os cuidadores, guardadores da Criação, dom por excelência de Deus.

Por fim, a espiritualidade ecológica coroa a reflexão do Santo Padre. A Trindade é a sua fonte, e é dela que emerge a consciência de que tudo é relação. Nesses termos, a encíclica expõe que uma autêntica qualidade de vida exige uma vida de qualidade espiritual, moral e social. A Criação é um grande hino de louvor à Trindade. Daí a importância de reconhecermos que, referindo-se à Criação, Deus e o homem estão implicados num jogo de responsabilidades. Sendo assim, precisamos buscar uma espiritualidade que seja ecológica, que saiba levar a consciência da responsabilidade pelo outro, que saiba evitar tudo o que conspurca a natureza e todo tipo de vandalismo; uma espiritualidade que exija uma gestão da economia com respeito pela ecologia; uma política ecologicamente orientada, um olhar e uma atitude de misericórdia sob toda a Criação.

Referências bibliográficas

ÁVILA, F. B. *Pequena Enciclopédia de Doutrina Social da Igreja*. São Paulo: Loyola, 1993.

BOFF, L. *Ecologia*. Grito da Terra. Grito dos pobres. São Paulo: Sextante, 2004.

_____. *Saber cuidar. Ética do humano;* compaixão pela terra. Petrópolis: Vozes, 2014.

CONCÍLIO VATICANO II. *Compêndio do Concílio Vaticano II*. Constituições. Decretos. Declarações. Petrópolis: Vozes, 1985.

FRANCISCO. *Laudato Si'. Louvado seja*. Sobre o cuidado da casa comum. São Paulo: Paulus/Loyola, 2015.

KEHL, M. *Contempló Dios toda su obra y estava muy bien*. Una teologia de la creación. Barcelona: Herder, 2009.

_____. *Creazione*. Uno sguardo sul mondo. Brescia: Queriniana, 2012.

PEPPARD, C. O novo e o velho na encíclica de Francisco. *Revista do IHU*, O ECOmenismo da *Laudato Si'*. Da crise ecológica à ecologia Integral. São Leopoldo: Unisinos, 2015.

PONTIFÍCIO CONSELHO JUSTIÇA E PAZ. *Compêndio da doutrina social da Igreja*. São Paulo: Paulinas, 2006.

MISERICÓRDIA, O OUTRO NOME DA IGREJA

Antônio Sagrado Bogaz e João H. Hansen

Diz o poeta que, se a misericórdia fosse uma árvore, a justiça seria seu ramo maior. Tal pensamento nos leva, a partir da leitura das intuições do Papa Francisco, a repensar nossas concepções de misericórdia e, com certeza, a buscar seu significado mais genuíno e original.

Sem menosprezar as considerações de misericórdia que se foram implantando ao longo da história, minimizando sua importância como força transformadora do mundo, para compreensões mais espiritualistas, algumas concepções pensaram este conceito como uma ação divina de piedade para conosco, pobres pecadores. Acreditamos que não é incorreto afirmar que tais conceitos estão distantes da plenitude da verdadeira misericórdia. Ao proclamar o Ano da Misericórdia, o papa nos redireciona o olhar para concepções mais proféticas e mais concretas desta grande virtude divina que vem mover os corações humanos.

O Papa Francisco marcou um encontro com todos os cristãos e os não cristãos, com a misericórdia divina. A Igreja se propôs, desde que Cristo passou suas chaves para Pedro, a ser instrumento da misericórdia infinita do coração de seu Senhor. Deus é bondade e misericórdia, e sua comunidade de fé deve espalhar estes dons entre os povos e, particularmente entre os pobres, este espírito divino.

De fato, a misericórdia de Deus é uma luz para a espiritualidade cristã. Nas últimas décadas, os papas e muitas das ações pastorais da Igreja procuraram reencontrar seu carisma.

Desse modo, mesmo que numa dimensão muitas vezes espiritualista, a imagem do coração misericordioso de Jesus tem sido exaltada em novenas, terços e pregações. Muitos escreveram sobre o tema, documentos pontifícios foram promulgados, movimentos litúrgicos se espalharam, ícones e poemas foram divulgados para exaltar a grandeza da misericórdia divina.

Reencontrar a misericórdia

Dava a impressão de que tínhamos esquecido a estação da misericórdia em nossas práticas pastorais, apegando-nos a regras das tradições para afastar os próprios fiéis, assim como estávamos esquecendo os mais pobres, e os mais simples. E, sempre que nos esquecemos dos mais pobres, a Providência divina nos manda novos modelos proféticos de serviço aos irmãos.

Muitos movimentos afloraram, mas nem sempre tocaram o verdadeiro sentido da bondade divina, e outras vezes se tornaram afagos espirituais sem consequências práticas.

Por essa razão, nos últimos anos, particularmente neste pontificado, a noção de misericórdia ganhou novos contornos. Inspirando-se na imagem emblemática de Cristo, com dois fachos de luz, o vermelho e o branco, somos provocados a renovar nossas atitudes pastorais, nossa ação eclesial e nosso comprometimento com a realidade dos irmãos.

Os dois fachos de luz revelam o espírito do coração de Jesus, habitação dos povos. Vamos à iconografia desta imagem. Se o facho vermelho representa a divindade, que entrega sua vida, o facho branco expõe sua humanidade, como solidariedade com os povos. O primeiro olhar para esta imagem é sua contemplação. O segundo olhar, necessário e consequente, é iluminar nosso encontro com Deus.

Fazendo uma releitura desta imagem, pela simbologia do facho de luz vermelha buscamos a Deus em sua divindade e, pela luz branca, caminhamos nas estradas da humanidade. Nela encontramos as criaturas de Deus, pobres, doentes, refugiados, mulheres oprimidas e tantos irmãos que estão espalhados nas calçadas da história.

Nessa releitura descobrimos duas setas indicativas da misericórdia divina para com os pobres, tendo como seu instrumento a sua própria comunidade eclesial: antes de tudo, elevamos a imagem de Jesus, pelas estradas e pelas cidades da Palestina, com grande compaixão pelos pobres, encurvando-se diante deles para socorrê-los, suavizando suas dores e amenizando seus sofrimentos. Essa atitude nos obriga a nos aproximarmos dos mais sofredores para compartilhar suas desventuras e mudar seu destino. Só é verdadeira a Igreja se houver um aprofundamento dessa misericórdia junto aos fiéis e diante dos povos. A Igreja assume a missão de ser, entre todos os povos e nações, a manifestação concreta da ternura divina. Para ser coerente com esta realidade, devemos rever nossas atitudes pastorais, sobretudo para com aqueles que se encontram em situações ditas irregulares e que, por isso, precisam ainda mais da misericórdia do que os que caminham nas normas da Igreja. Destaca-se aqui a revisão das posturas das comunidades com os fiéis em situações irregulares em relação aos nossos cânones.

A preocupação com os chamados "casos irregulares" para a participação plena na vida da Igreja, especialmente nos sacramentos, tem promovido discussões entre os mais legalistas e os pastoralistas, exigindo respostas que não reduzam o direito dos cristãos somente às normas matrimoniais e da sexualidade. Antes de tudo, repete-nos o Papa Francisco, a "participação na Eucaristia não é um mérito, mas um dom, um presente divino para seus fiéis". Desse modo, é preciso não focar apenas a questão da sexualidade, mas também a prática da justiça, como exigência para participar da mesa eucarística.

Igreja em saída ao encontro dos pobres

O Papa Francisco tem um coração inquieto, muito sensível às realidades dos fiéis e de todos os povos, particularmente dos que são mais desprotegidos. Essa observação serve tanto para os povos oprimidos como para aqueles que são colocados na periferia da Igreja, por questões sociais, políticas ou morais. Ele insiste que façamos a experiência de abrir o coração àqueles que vivem nas mais variadas periferias existenciais, que muitas vezes a sociedade contemporânea gera e multiplica de forma dramática.

Entre tantas feridas abertas no coração dos fiéis católicos, bem como de outras religiões, somos convidados a aliviar o sofrimento com atitudes de misericórdia e solidariedade. Somos levados a despertar nossa consciência contra a indiferença que se acostuma com a tragédia que emociona e que horas depois cai no esquecimento, assim como ir ao encontro daqueles que estão no abandono.

Para ser uma Igreja verdadeiramente cristã, precisamos lançar o olhar sobre as misérias do mundo e não sermos indiferentes aos gritos angustiados daqueles que estão nas trevas do esquecimento.

São formosas as palavras do papa:

> [...] as nossas mãos apertem as suas mãos e estreitemo-los a nós para que sintam o calor da nossa presença, da amizade e da fraternidade. Que o seu grito se torne o nosso e, juntos, possamos romper a barreira de indiferença que frequentemente reina soberana para esconder a hipocrisia e o egoísmo (MV).

Se buscarmos uma Igreja peregrina, que para se encontrar com Deus caminha na direção dos irmãos, o caminho são os estrangeiros, enfermos, prisioneiros e abandonados. Repetimos insistentemente o apelo do próprio Salvador, que nos "ensina a ver o próprio Cristo nos mais pequeninos". Unimos a mística com as palavras de Madre

Teresa de Calcutá: "Existe mais santidade nas mãos que servem que nos lábios que louvam"; afinal, são verdadeiros os lábios que louvam se as louvações forem acompanhadas de ações que servem os irmãos.

Não é nunca demais recordar São João da Cruz, que indica que, "ao entardecer desta vida, seremos julgados pelo amor", pelo amor de Deus e pelo amor que partilhamos.

Insiste ainda o Papa Francisco, na bula que inaugura o Ano Santo da Misericórdia:

> [...] a Igreja tem a missão de anunciar a misericórdia de Deus, coração pulsante do Evangelho, que por meio dela deve chegar ao coração e à mente de cada pessoa. A Esposa de Cristo assume o comportamento do Filho de Deus, que vai ao encontro de todos sem excluir ninguém. No nosso tempo, em que a Igreja está comprometida na nova evangelização, o tema da misericórdia exige ser reproposto com novo entusiasmo e uma ação pastoral renovada.

Como praticantes dos ensinamentos de Jesus Cristo, somos advertidos de que "hoje as pessoas precisam certamente de palavras, mas sobretudo têm necessidade que testemunhemos a misericórdia, a ternura do Senhor, que aquece o coração, desperta a esperança, atrai para o bem" (*A evangelização se faz de joelhos*. Homilia do Papa Francisco, 01/07/2013).

As pregações e, mormente, as atitudes de Francisco nos seus encontros com vários grupos cristãos e civis nos fazem perceber que "somos chamados a levar a todos o abraço de Deus, que se inclina com ternura de mãe em nossa direção. Somos consagrados, como sinal de humanidade plena, facilitadores e não controladores da graça" (EG 47). Em nossos tempos, onde vivemos um impressionante mercado religioso, com as mesmas regras do mercado de exploração e lucro, somos convidados a ter posturas de gratuidade e de acolhida, sem que o valor econômico seja a porta de ingresso na Igreja e nos sacramentos.

A expressão terna para a nova eclesialidade é "levar o abraço de Deus". "Somos convocados a levar aos povos e aos pobres de nosso tempo a consolação de Deus e testemunhar a sua misericórdia" (*Autênticos e coerentes*, 07/07/2013). O cristão em geral, sobretudo aqueles que são consagrados na vida religiosa ou no clero, devem ser contrapontos para vencer a desconfiança entre os povos e as classes sociais e promover novos modelos para organizar o mundo e a sociedade. Os modelos da conjuntura social e política de nossos tempos são baseados no lucro, no utilitarismo, na vantagem e nos privilégios. Nossas posturas comunitárias e religiosas devem ser testemunho profético para transformar as concepções e mentalidades hodiernas. Os cristãos não se podem acomodar e repetir os esquemas presentes no mundo social e político, marcados pela exploração e pelos interesses; ao contrário, devem viver como provocação para ser alteridade nestes sistemas enrijecidos de nossa realidade.

Restaure minha Igreja, Francisco

Se folhearmos as páginas da história do Cristianismo, encontraremos muitos testemunhos de líderes espirituais que lutaram com forças e com sangue para restaurar a Igreja e lapidar seus projetos segundo o coração de Jesus Cristo. Podemos buscar nos séculos antigos personagens como Teresa D'Ávila, Mateus Ricci, Catarina de Sena, Inocêncio III e centenas de outros, tão conhecidos, e sobretudo aqueles anônimos que foram mártires que derramaram sangue para viver a autenticidade do Evangelho. Mais que tantos que morreram mártires, recordamos aqueles que viveram oferecendo a vida cotidianamente na renovação da Igreja. Se buscarmos, em nossos dias e em nossas comunidades, veremos grandes fiéis, leigos, padres, religiosas e bispos que restauraram a Igreja, optando pela simplicidade e pela oblação da própria vida. Assim, surgiram bispos que assumiram um estilo de vida mais simples, longe da mentalidade principesca, abandonando as estruturas luxuosas e buscando modelos mais simples de viver. Surgiram comunidades religiosas mais próximas do povo, de suas agruras e dificuldades. Houve uma renovação nas comunidades paroquiais, nas estruturas eclesiásticas e nas constituições das assembleias. Esse fator aproximou os pobres para que se sentissem em casa, com um processo de identificação maior entre os fiéis e a comunidade paroquial.

Entre tantos modelos e testemunhos presentes em todos os séculos, destaca-se com unanimidade a figura de Francisco, que representa uma Igreja em constante restauração.

Desde que se escandalizava silenciosamente com as liturgias luxuosas de seu tempo e da ostentação da riqueza de sua casa, em contraposição com a miséria dos pobres, Francisco se torna uma força de restauração da verdadeira Igreja de Jesus Cristo.

Por certo, não podemos desvalorizar elementos que entraram na nossa tradição e se tornaram clássicos, chegando a se identificar com a própria essência do Cristianismo, mas que, de fato, não expressam os anseios de simplicidade das origens da fé cristã.

Como esse apelo à simplicidade estava se perdendo novamente, pelo retorno às formas clássicas e mais tradicionais das liturgias e da vida eclesial, o Papa Francisco despertou, convidando para restaurar a Igreja, um convite à grande primavera do Cristianismo.

De fato, o grande desafio de todas as religiões é resgatar sua essência, que pode ser embaçada pelas grandes estruturas religiosas cristalizadas ao longo dos séculos. Nunca será demais o questionamento: Jesus Cristo vivia deste modo seu apostolado? Era assim que os apóstolos evangelizavam? Em caso diferente, nossos discursos e pregações são proferidos sem nenhum convencimento. Trata-se, no Cristianismo, de voltar a Jesus, pois a ação mais definitiva é nuclear o Cristianismo com a presença dele. Nada pode ser mais urgente em nossos tempos que despertar o anseio pela fidelidade ao seu Senhor.

Sem jamais esquecer que a essência do Catolicismo é o projeto dos Evangelhos, é o próprio Cristo.

A figura de Jesus na Igreja, para renovar suas estruturas e pastorais, exige gestos concretos, mas não se pode reduzir sua pessoa a uma sublime abstração, a um dogma ou sistema ritual.

Das páginas bíblicas para a comunidade cristã

A maior inspiração para a prática da misericórdia na vida da Igreja vem das páginas bíblicas. Não são todos os textos bíblicos, sobretudo na Antiga Aliança, que revelam o rosto misericordioso de Deus, pois algumas vezes os escritos sagrados revelam um Deus vingador ou mesmo punidor. Consideremos, porém, os textos que revelam o rosto divino pelos suaves traços da ternura e da bondade, mesmo que marcado pelo direito e pela justiça dos pequenos. Se buscarmos seu uso comum, descobriremos esse valor bíblico como tentativa de proceder a reivindicações para executar a justiça contra os poderosos que maltratam os mais frágeis da sociedade. Trata-se de clamar por justiça, como um brado que chega a Deus. Basta recorrer aos profetas bíblicos: "[...] eu sou o Senhor, que faço misericórdia, juízo e justiça na terra; porque destas coisas me agrado, diz o Senhor" (Jr 9,23). Trata-se de uma vingança divina, executada pelas mãos dos sacerdotes, representantes da justiça do Senhor.

Tal noção ficou presa ao contexto religioso, sem maior aprofundamento. Perdeu-se a formação básica do termo (coração voltado para o miserável): "Longe está o Senhor dos perversos, mas ouve a oração dos justos" (Pr 15,29). Tornou-se ainda mais defectiva a compreensão dessa virtude como ato de piedade, como dó, para os sofredores, socorrendo-os com esmolas e pequenas consolações. A complexidade do termo – tanto na filologia quanto na espiritualidade – exige revisões urgentes, o que se pode atingir por meio da busca genuína do seu sentido nas passagens bíblicas. Busquemos o sentido essencial deste termo para que a Igreja possa assumi-lo com maior eficácia. Trata-se do verdadeiro rosto de Deus, que é rico em misericórdia, cujo bem se atinge pela prática da justiça e do direito. Toda ação divina é permeada pela misericórdia e se deixa iluminar por sua ternura. E torna-se um bem imperativo para a ação da Igreja no mundo.

Desde o Antigo Testamento testemunhamos que Deus é o "pai da misericórdia". Mesmo que nos livros veterotestamentários as narrativas da ação divina sejam mais voltadas para a justiça, enquanto Deus, revelado em Jesus Cristo, exprima mais ações de misericórdia, encontramos entrelaçamentos dessas atitudes nos dois testamentos. Quando, no Antigo Testamento, Deus toma posições mais "justiceiras", demonstra seu coração voltado para os miseráveis, aqueles que são oprimidos por grandes reis, sacerdotes ou governantes maliciosos. Nos tempos messiânicos, a maior publicidade para a conversão é a inauguração de um tempo de paz, justiça e misericórdia, o tripé da conversão que aproxima o paraíso celestial da terra dos homens. Toda ação divina é atitude de misericórdia, e mesmo quando seu povo se afasta de seu caminho ele "não destrói o pecador", mas o resgata pelo perdão e pela misericórdia. O resgate não é mérito do pecador que se arrepende, mas fruto do amor generoso e ilimitado de Deus.

Esta atitude divina para conosco nos obriga a ter condescendência com os miseráveis. A atitude de Deus é inspiração para nossa ação e é, particularmente, exigência para a atuação da Igreja no mundo. Se a misericórdia está presente no Antigo Testamento, é muito mais plausível nas páginas da Nova Aliança. As atitudes de Jesus são acolhedoras, cheias de ternura para com os doentes, os pobres, os idosos, os viandantes e, mais que tudo, os pecadores, miseráveis por excelência, que estendem a mão para nossa misericórdia. Muitas vezes, suas atitudes contrapõem as "normativas humanas" e recebem críticas e acusações dos legalistas.

Legalistas são os "senhores da lei e da cidadania" que seguem normas estruturais básicas e depois se corrompem em desvios da consciência. Jesus revela a imagem de Deus misericordioso por meio de gestos muito simples, porém concretos. Ele revela a misericórdia do Pai (2Cor 1,3) e manifesta um Deus rico em misericórdia (Ef 2,4). Os sofredores e os pecadores não lhe causam asco, mas despertam sua misericórdia mais elevada, como em Zaqueu e nas curas dos cegos, coxos e doentes (Mc 1,41). Fonte inesgotável de misericórdia é Deus, e Jesus torna-se a vertente desta misericórdia para a humanidade.

Sem excluir os termos clássicos das justiças equitativa e distributiva, que são bens das virtudes cardeais, quando bem aplicadas e corretas, a misericórdia, nos textos bíblicos, engrandece a justiça e o amor. Promove a justiça, pode até impor uma punição, mas sofre e busca a superação. Esta deve ser a atitude concreta da Igreja e o jeito de ser de todos os pastores e agentes de pastoral em nossas comunidades.

É preciso buscar o Deus justo e verdadeiro, mas o mesmo age entre nós com os olhos da misericórdia, para transformar nossas vidas. As armas da justiça (Rm 6,13; 1Tm 6,12; 2Tm 4,7) não servem de espadas, mas de diálogo, abertura ao perdão e reconstrução da vida. Jamais podemos abandonar a justiça, a fidelidade e a misericórdia, se quisermos ser verdadeiramente a Igreja de Jesus Cristo. (Mt 23,23; Lc 10,37). Esta é a marca registrada das pregações de Jesus das suas parábolas (como o bom samaritano, o filho pródigo, a ovelha perdida, entre outras) e, mais que tudo, das suas atitudes cotidianas.

Tentações proeminentes

Karl Rahner afirmou que em nossos tempos "ou o cristão será místico ou não mais existirá". Essa talvez seja uma das exigências espirituais das práticas religiosas. A preocupação mais elevada é a vivência mística da própria fé. Não se pode nutrir a prática religiosa motivada somente por um conjunto de verdades a respeito do próprio Cristo. Essas verdades são fundamentais para uma compreensão correta da doutrina, evitando confusões dogmáticas. Mas o sentimento da fé é fundamental para cultivar a própria espiritualidade. É preciso um contato vivo com a pessoa do Cristo, sintonizando com ele. Este é o caminho para alimentar a própria mística.

Outra tentação proeminente é converter o Cristo e a própria religião em "objeto de culto", numa forma ritualística que se repete ao longo dos séculos. Ser Igreja e viver a fé cristã é muito mais que promover uma espécie de ícone venerável, transformado em "ícone de culto". A figura ritualística é atraente e fascinante, sobretudo do ponto de vista religioso e estético, mas não basta para tocar o coração de Jesus de Nazaré nem se deixa tocar por ele. Não é um arsenal de ritos, símbolos, textos e sons artísticos que compõem a essência da Igreja cristã. Esses são instrumentos para alcançar o espírito divino, caso contrário, ficaremos sempre nas suas expressões e nunca tocaremos sua profundidade.

Venceremos a tentação de conformismo com os ritos na medida em que tornarmos mais viva e concreta a pessoa de Jesus Cristo, deixarmo-nos tocar por ele e assumir seu projeto.

Ao longo dos séculos, a prática religiosa foi se enriquecendo de modelos rituais, jurídicos e canônicos. Esses elementos tornaram-se tão proeminentes nas práticas religiosas que terminaram por se confundir com a essência do ser cristão. As práticas rituais são necessárias para cultivar a fé e fomentar práticas concretas de misericórdia.

Entre tantos sonhos e utopias que entrevemos nos gestos e nos pronunciamentos do papa atual, descobrimos sua labuta para renovar a Igreja *ad intra*, em suas estruturas centenárias, tantas vezes arcaicas que não se sabe a que servem, mas sobretudo em sua atuação diante do mundo em constante transformação. Por detrás dessas palavras e atitudes, sentimos o apelo papal para vivermos e promovermos a Igreja da misericórdia. Somos convidados a viver este ideal, colhido e fecundado no coração de Jesus. A misericórdia divina é como uma sementinha de Jesus que fecunda nosso coração, como gineceu que acolhe o pólen da vida.

A misericórdia na Igreja se revela como um dom espiritual que fecunda sua própria alma, mas que depois alimenta e promove gestos e ações que enternecem o mundo. A inspiração vem do próprio Francisco:

> Contemplando a união de Cristo com o Pai, mesmo no momento de maior sofrimento na cruz (Mc 15,34), o cristão aprende a participar do olhar próprio de Jesus; até a morte fica iluminada, podendo ser vivida como a última chamada da fé, o último "sai da tua terra" (Gn 12,1), o último "vem" pronunciado pelo Pai... (LF 56).

A aproximação dos agentes de pastoral, dos bispos, padres e religiosas, que se tornou uma busca incessante nas décadas pós-conciliares e que andava se perdendo, ganhou novo fôlego nos últimos anos sob a inspiração das atitudes papais, para que as comunidades se aproximassem das camadas populares, dos dramas dos pobres e dos povos mais ultrajados. Mesmo que se lamente que grupos eclesiais resistam a essas transformações e autoridades eclesiásticas ainda se comportem como príncipes e patrões do povo, a Igreja renova seu olhar e sua vontade de viver o "Pacto das Catacumbas" para ser serva dos povos e dos pobres.

Se o Ano da Misericórdia insiste para que sejamos misericordiosos, a esperança é que se renove nossa vocação cristã para sempre. Se Deus é misericórdia, devemos ser servos seus, transformando em atitudes esta vocação da Igreja.

Para a Igreja, dá-se o reconhecimento de que a entrega de Cristo na cruz é a concretização da misericórdia divina, renovando a partilha na Eucaristia. Está evidente que nosso sentimento será legitimado por nossas atividades. Fica evidente que a ação da misericórdia nasce sempre da alma divina; sempre é uma iniciativa divina, afinal, é este o ponto de partida: "olhou-o com misericórdia e escolheu-o". Ele continua nos olhando com misericórdia e nos escolhendo. E nos ensina a ter o mesmo olhar para os pobres, os povos, os distantes.

Misericórdia e justiça na comunidade eclesial

Nas atitudes humanas, bem como nas ações eclesiásticas, há de se considerar a relação intrínseca entre a misericórdia e a justiça. Num primeiro olhar, parecem ser bens do espírito contrapostos, como se se excluíssem mutuamente, e que assim não há lugar para a justiça onde se aplica a misericórdia e vice-versa. Na dimensão cristã, num segundo olhar, temos a impressão que são valores idênticos, que se consomem mutuamente ou que até mesmo se anulam. Mas os escritos de Francisco nos fazem entender que são valores distintos e que se exigem mutuamente. Para o cristão, não há justiça sem misericórdia, pois torna-se revanchismo ou vingança, nem misericórdia sem justiça, o que promove a alienação e o vício do pecado.

Para este período jubilar, e também para a caminhada constante da Igreja, somos convidados à oração e ao jejum, como esteios da solidariedade; mais que um tempo de turismo religioso ou de folclorismo medieval, as portas santas são um "cadinho de fogo" para reacender nossos sentimentos cristãos e desfazer nossos vícios humanos. Somos convidados a viver como comunidade cristã que pratica gestos de misericórdia e se compromete com a transformação do mundo pela força da justiça.

Para a vida da Igreja, que deve acolher o pecador, a bula deste Ano da Misericórdia trata com ressalvas significativas o tema da corrupção. A Igreja deve acolher o pecador em seu "caminho de volta para casa", mas entende que os protagonistas da corrupção não querem refazer o caminho do arrependimento, pois se adequaram ao estado permanente desta prática e não se arrependem em profundidade. No entanto, devemos estar solícitos a toda conversão. De fato,

> o mesmo convite chegue também às pessoas corruptas ou cúmplices de corrupção. Esta praga putrefata da sociedade é um pecado grave que brada aos céus, porque mina as próprias bases da vida pessoal e social. A corrupção impede de olhar para o futuro com esperança, porque, com a sua prepotência e avidez, destrói os projetos dos fracos e esmaga os mais pobres. É um mal que se esconde nos gestos diários para se estender depois aos escândalos públicos. A corrupção é uma contumácia no pecado, que pretende substituir Deus com a ilusão do dinheiro como forma de poder. É uma obra das trevas, alimentada pela suspeita e a intriga. *Corruptio optimi pessima*: dizia, com razão, São Gregório Magno, querendo indicar que ninguém pode sentir-se imune desta tentação. Para erradicá-la da vida pessoal e social são necessárias prudência, vigilância, lealdade, transparência, juntamente com a coragem da denúncia. Se não se combate abertamente, mais cedo ou mais tarde torna-nos cúmplices e destrói-nos a vida (MV).

Como atuar a misericórdia na vida eclesial e na esfera social se a corrupção se tornou um dos pilares das atividades públicas em nossos tempos? De fato, o papa nos admoesta que a vitória contra a corrupção, que é uma chaga religiosa, social e política, deve ser nossa meta fundamental. Mesmo considerando que os maiores protagonistas da corrupção atuam nas esferas governamentais, entendemos que seu mal se alastrou, contaminou as relações humanas e manchou importantes espaços eclesiais, que não estão imunes desta chaga dolorosa de nossa sociedade. Portanto, a misericórdia é o caminho mais sólido para demolir a corrupção: misericórdia com as vítimas dos corruptores e, com esperança, acolhida daqueles que se converterem.

Agora sim, todos os cristãos sintam-se prontos para receber indulgência, que é a graça fundamental com que somos presenteados na prática da misericórdia, adquirida depois de nossa transformação interior.

Mesmo parecendo, numa primeira impressão, que o papa é muito cético em relação à conversão dos praticantes de sistemas corruptos, não se despreza a esperança. Na obra *O nome de Deus é Misericórdia* (p. 114), afirma que a "misericórdia é um elemento importante, aliás, indispensável nas relações entre os homens". Ele acredita que não basta a justiça, pois com a misericórdia transpomos os limites da justiça. No entanto, ao tocar, na mesma obra, no tema da corrupção, defende que "a corrupção não é um ato, mas uma condição, um estado habitual de viver". Sendo assim, o corrupto constrói sua autoestima nas atitudes fraudulentas. Torna-se um viciado neste estilo de vida, lamentando os pequenos roubos e delitos e praticando-os diante do Estado e das estruturas sociais. Impressiona-nos a crítica do papa quando diz que o corrupto vai até mesmo à missa dominical, participa da ceia eucarística, mas depois não se sente constrangido em aproveitar sua posição de poder para exigir propinas e burlar leis em seu favor.

Esse é um posicionamento bem evidente da eclesiologia de Francisco. Não se trata apenas de apontar os erros de nível sexual e moral pessoal, mas de perceber as artimanhas dos pecados na esfera das conjunturas sociais e políticas.

Essa visão integrativa da misericórdia e da justiça nos leva a repensar as posturas nas pastorais e nas práticas sacramentais, pelas quais somos convidados a perceber, além da vida pessoal dos fiéis, suas relações com os irmãos e sua inserção na engrenagem social.

Renascer a cada dia

Como o mito da fênix, que vem de longe e caminha para seu sepultamento na montanha Heliópolis, para renascer de suas próprias cinzas e fazer germinar vida nova para os próximos centenários, a Igreja busca das suas próprias cinzas refazer sempre seu itinerário como instrumento da salvação e da misericórdia de seu Senhor. Igualmente, a Igreja, como servidora de Jesus Cristo, transforma as cinzas de nossos pecados em húmus para nosso renascimento. Somos todos tocados pela graça divina, não para acomodarmo-nos no pecado, mas para reforçar nossa conversão permanente, praticando o bem e vencendo as forças de nossa corrupção espiritual. Assim é a verdadeira Igreja de Jesus Cristo. Somos a Igreja da misericórdia e não da condenação.

Se Paulo VI afirmou que a paz é o novo nome da justiça (PP 5), no Papa Francisco encontramos que a misericórdia é o outro nome da mesma justiça e que, em síntese, elas se complementam e interdependem. A misericórdia pelos pobres nos ensina, como filhos da Igreja, a lutar contra as injustiças, legais e ilegais, que desfiguram o rosto dos povos. Ser misericordioso é ser parceiro dos pobres na luta pelo bem comum e para lhes encontrar um espaço na própria comunidade. Devem sentir a Igreja como seu próprio lar. É impensável repetir nas organizações eclesiais as mesmas rupturas e vícios presentes no mundo civil. Se for assim, onde e quando seremos o "sal da terra e luz do mundo"? (Mt 5,13).

Mesmo considerando a esmola como um "pronto-socorro" da Igreja para não perpetuar a fome entre os pobres, a misericórdia é mais que uma esmola que tantas vezes damos as pobres para acalentar nossa consciência diante das corrupções sociais. Afinal, no Papa Francisco encontramos que a misericórdia, como missão da Igreja, é a força para transformar o mundo e fraternizar a humanidade. Se a misericórdia é a indulgência de Deus para com seus filhos, deve ser a expressão de nossa solidariedade como irmãos, filhos no Filho. Se a misericórdia é um nome privilegiado de Deus, a Igreja deve ser dispensadora desta graça para seus filhos espirituais.

A Igreja está sempre renascendo, como foi o grande acontecimento do Concílio Vaticano II. Ela tem o grande dom de estar procurando responder aos apelos dos tempos e dos povos, sem perder seus princípios evangélicos fundamentais. Por vezes, pode perder o foco, mas Deus envia grandes santos e profetas para renovar seus caminhos. Hoje, seu grande apelo é a misericórdia para com os pobres, para com os pecadores e todos os homens de boa vontade. Devemos ser sensíveis aos apelos de Jesus Cristo, renovados neste pontificado, para que a transformação se realize em nossos corações e em nossas pastorais. Sejamos sempre a Igreja da misericórdia. Se a misericórdia manifesta a força de Deus e não sua fraqueza, como nos ensina São Tomás de Aquino, na Igreja revela sua grandeza e sua liberdade de espírito, fecundadas no coração de seu Senhor, justo e misericordioso.

Bibliografia

FRANCISCO. Carta encíclica *Lumen Fidei*. Disponível em: <http://w2.vatican.va/content/francesco/pt/encyclicals/>

_____. Exortação apostólica *Evangelii Gaudium* ["A alegria do Evangelho"]. São Paulo: Paulinas, 2013.

_____. *Misericordiae Vultus*. Bula de proclamação do Jubileu Extraordinário da Misericórdia. Disponível em: <http://w2.vatican.va/content/francesco/pt/bulls>.

_____. *O nome de Deus é Misericórdia.* Uma conversa com Andrea Tornielli. São Paulo: Planeta, 2016.

SINAIS PROFÉTICOS QUE INDICAM O CAMINHO

Vera Ivanise Bombonatto

Permanece vivo na mente e no coração dos fiéis reunidos na Praça de São Pedro e dos que acompanhavam, através de diferentes meios de comunicação, aquele histórico momento em que ouviram a alegre notícia: os cardeais, reunidos em conclave, escolheram, para sucessor de Pedro, o Cardeal Jorge Bergoglio.

A consciência da crise generalizada que tomou conta da Igreja estava muito viva nas reflexões e discussões dos cardeais presentes ao conclave e, consequentemente, a urgente necessidade de reforma na instituição eclesial, de restabelecer o diálogo com a sociedade contemporânea e de revigorar a fé e a prática dos cristãos. Guiados pelo Espírito Santo, eles perceberam, no Cardeal Bergoglio, a pessoa capaz de realizar estas desafiadoras e gigantescas tarefas, neste complexo e conflitivo cenário socioeclesial.

Desde o primeiro momento em que se apresentou ao povo reunido na Praça de São Pedro, o primeiro papa latino-americano mostrou ser uma pessoa carismática, comunicativa, simples e próxima, disposta a responder às expectativas da tão esperada reforma da Igreja. Desde que assumiu a sua missão de pastor e guia da Igreja universal, muitas de suas atitudes e de seus gestos surpreenderam, positivamente, o mundo inteiro.

Podemos, então, nos perguntar: quais são os sinais proféticos que indicam concretamente o caminho das mudanças propostas pelo

Papa Francisco? Pergunta difícil de ser respondida, dada a complexidade do momento atual. A jornada das mudanças é longa, os caminhos são tortuosos e exigem audácia, perseverança e discernimento.

Não pretendemos fazer aqui uma análise crítica do pontificado de Francisco. Queremos apenas realçar alguns sinais proféticos que confirmam as expectativas de mudança e fortalecem a nossa esperança de uma Igreja missionária, servidora e pobre, centrada em Jesus Cristo, peregrina, caminhando com a humanidade, particularmente com a humanidade sofredora.

Se, de um lado, pode ser ainda prematuro mencionar o Papa Francisco na lista dos protagonistas que alteraram significativamente os rumos da Igreja, por outro não se pode negar que ele representa uma ruptura de estilo e de perspectiva em relação aos papas seus antecessores: João Paulo II e Bento XVI. É o primeiro papa pós-conciliar que não participou diretamente do Concílio Vaticano II, mas seu modo de exercer o ministério papal segue as diretrizes deste marcante evento eclesial do século XX.

O papa dos processos

No atual panorama socioeclesial, o Papa Francisco concentra em sua pessoa três aspectos singulares que fazem dele uma pessoa especial: a *novidade* expressa no seu modo de ser, na coerência entre suas palavras e em seus gestos concretos, no apelo constante à essencialidade da vida cristã, no diálogo pluridirecional; a *firmeza e a ousadia* de suas propostas, pertinentes e relevantes para o momento atual, que expressam seu profetismo; a *síntese* das intuições e orientações teológico-pastorais do Concílio Vaticano II e da caminhada da Igreja latino-americana, tendo como eixo central a missão e a organização da Igreja.

Para o Papa Francisco, mudar não significa conquistar espaços de poder, de visibilidade, de honra, de reconhecimento. Significa desenvolver processos abertos e dinâmicos, proféticos e sapienciais, abalizados por gestos concretos e propostas desafiadoras. Ele demonstra ter clareza dos graves problemas que atormentam a humanidade, diante dos quais é impossível silenciar. Certamente, ele procura informar-se por meio das mais diversas fontes, mas o que ele sempre pretende propor é um caminho aberto, sem preconceitos e sem rotas preestabelecidas; um caminho de aproximação dos povos, de conscientização, de responsabilidade e diálogo.

Nesse sentido, o jesuíta e comunicador Antônio Spadaro, diretor da revista italiana *La Civiltà Cattolica*, no número 3968, afirma que o projeto do Papa Francisco é, na realidade, uma profunda e autêntica experiência espiritual, vivida intensamente, que vai adquirindo forma e se traduz em termos concretos, em ações surpreendentes. É uma visão que não se limita a ideias e a conceitos, mas que leva em conta pessoas, tempos e lugares. É uma visão interior que não se impõe sobre a história, procurando organizá-la segundo as próprias coordenadas, mas que dialoga com a realidade, se insere na história, se desenvolve no tempo. E o que impressiona é a maneira de se relacionar com seus interlocutores, de todas as idades, raças e posição social.

O Papa Francisco não é apenas um administrador, é um guia de processos. O pontificado bergogliano e sua vontade de reformar não são, e certamente nunca serão, unicamente de ordem administrativa, mas de início e desenvolvimento dos processos, "alguns rápidos e fulgurantes, outros extremamente lentos", que exigem paciência histórica e cujos frutos só serão perceptíveis a longo prazo, depois que a semente passar pela noite escura e germinar na aurora da ressurreição.

Francisco vive a constante dinâmica do discernimento, que o abre para o diálogo e para a dimensão imprevisível do futuro. Suas decisões e ações são precedidas e acompanhadas da leitura atenta e orante dos sinais dos tempos, em toda a sua complexidade e conflitividade.

O cerne do processo de renovação

As grandes mudanças no rosto da Igreja, desejadas e esperadas não só pelos católicos mas por todas as pessoas de boa vontade, referem-se, basicamente, a dois aspectos inter-relacionados: a *missão* de testemunhar e anunciar Jesus Cristo no contexto atual e a *organização*, que deve estar a serviço da missão e ser sinal e mediação da vida nova em Cristo Jesus.

Francisco quer uma "Igreja em saída"; sair da própria comodidade e ter a coragem de alcançar as periferias geográficas e existenciais que necessitam da luz do Evangelho. É preciso sair para os lugares onde há dor, sofrimento, miséria, opressão, injustiça. "Os pobres são os destinatários privilegiados do Evangelho [...]. Há que afirmar sem rodeios que existe um nexo ou vínculo indissolúvel entre a nossa fé e os pobres. Não os deixemos jamais sozinhos" (EG 48).

A Igreja deve ser dinamizada e estruturada não a partir e em função de si mesma, mas a partir e em função de sua missão, que é ser sinal e instrumento da misericórdia de Deus para a humanidade sofredora. É preciso ter medo de nos encerrarmos nas estruturas que nos dão falsa proteção, nas normas, nos hábitos, enquanto lá fora há uma multidão faminta e Jesus repete sem cessar: "Dai-lhes vós mesmos de comer (Mc 6,37)" (cf. EG 49).

"Igreja em saída" para as "periferias": aqui está o cerne do processo de renovação ou reforma da Igreja desencadeada por Francisco, que deve perpassar e dinamizar todas as dimensões e instâncias eclesiais: a catequese, a liturgia, o serviço da caridade e as ações pastorais e evangelizadoras. Sem isso, mais cedo ou mais tarde, qualquer mudança de estrutura ou organização da Igreja se torna estéril.

Com firmeza, o Papa Francisco indica o caminho a ser percorrido pela Igreja: "Sonho com uma opção missionária capaz de transformar tudo, para que os costumes, os estilos, os horários, a linguagem e toda a estrutura eclesial se tornem um canal proporcionando mais à evangelização do mundo atual que à autopreservação" (EG 27).

A preocupação do Papa Francisco pode ser desdobrada em alguns aspectos fundamentais.

- *Reformar as estruturas eclesiais.* Para o Papa Francisco, a renovação eclesial deve ser feita com os critérios do Evangelho e atingir o papado e as estruturas centrais da Igreja universal, particularmente a Cúria Romana, para colocá-las a serviço do Evangelho.

O Papa Francisco se refere aos mecanismos que precisam ser dinamizados e aperfeiçoados para maior participação e corresponsabilidade na vida da Igreja, destacando, além da reforma da Cúria Romana, o fortalecimento das Conferências Episcopais, os conselhos de pastoral e de assuntos econômicos.

Vários passos já foram dados pelo Papa Francisco na direção da colegialidade, da descentralização, mediante estruturas de comunhão e de participação e das formas sinodais de governo. Mas a reforma está apenas no começo, resta ainda um longo e tortuoso caminho a ser percorrido.

- *Resgatar e vivenciar a dimensão comunitária e missionária da vida cristã.* Diante da tendência subjetivista e individualista da sociedade contemporânea, o Papa Francisco prega a valorização da dimensão comunitária da fé e do compromisso missionário. "Em todos os batizados, do primeiro ao último, atua a força santificadora do Espírito que impele a evangelizar" (EG 119).

É urgente descentralizar as comunidades delas mesmas em direção às periferias sociais e existenciais do nosso mundo. Sair dos templos, das sacristias, das casas. O mundo sofredor é o lugar natural da Igreja e de sua missão. É fundamental reanimar as comunidades para que sejam orantes, misericordiosas, fraternas e comprometidas com os necessitados. Recuperar o verdadeiro sentido dos sacramentos na Igreja, particularmente o da Eucaristia.

- *Realizar a conversão pastoral e ecológica*. Para o Papa Francisco, só se pode entender a reforma das estruturas, que a conversão pastoral exige, neste sentido: fazer com que todas elas se tornem missionárias, que a pastoral ordinária, em todas as suas instâncias, seja mais comunicativa e aberta, que coloque os agentes pastorais em atitude constante de "saída" (cf. EG 27).

Entretanto, a deplorável agonia do nosso planeta, as inúmeras catástrofes naturais, o sofrimento de tantas pessoas vítimas dessas catástrofes, exigem uma tomada de posição de todas as pessoas para salvar a nossa "casa comum". Assim, assumindo todas as exigências da conversão pastoral e na linha da continuidade, o papa nos convoca a alargar nossos horizontes para a conversão ecológica, a passar da ecologia ambiental para a ecologia integral.

Para o Papa Francisco, a conversão a Jesus Cristo encarnado e aos desígnios de Deus comporta necessariamente a conversão ecológica, que exige tomada de consciência e propósito de um novo modo de viver, um novo estilo de vida, uma vida nova; requer a superação da conversão reduzida à esfera individual e a abertura para a dimensão comunitária e para as várias dimensões: cultural, sociopolítica, econômica, educacional, ética e espiritual.

É urgente estabelecer uma sã relação com a Criação, como dimensão da conversão integral da pessoa (cf. LS 218). A conversão ecológica global abrange as duas dimensões conectadas entre si: pessoal e comunitária. Pessoas novas e estruturas sociais novas para uma nova relação entre si e com todos os ecossistemas do planeta Terra.

A conversão ecológica pede uma "espiritualidade ecológica" que alimente a paixão pelo cuidado do mundo, pois não é possível empenhar-se em coisas grandes sem uma mística que nos anime, sem uma "moção interior que impele, motiva, encoraja e dá sentido à ação pessoal e comunitária" (LS 216). Nas relações com o mundo que nos rodeia, é importante deixar emergir todas as consequências do encontro com Jesus, pois "a vocação de guardiões da obra de Deus não é algo opcional nem um aspecto secundário da experiência cristã, mas parte essencial de uma experiência virtuosa" (LS 217).

- *Romper com a autorreferencialidade eclesial.* O Papa Francisco tem insistido no perigo da autorreferencialidade e na necessidade urgente de resgatar a centralidade da Igreja em Jesus Cristo. A Igreja existe para anunciar Jesus Cristo, e nós recebemos dele a vida nova; quando não sai de si mesma para evangelizar, ela adoece. A referência a Jesus Cristo deve ser permanente e em tudo na Igreja.

Jesus Cristo é o centro da Criação, da vida do povo e da história. A atitude de quem crê é o reconhecimento e a aceitação dessa centralidade. É importante reconhecer e aceitar na vida essa centralidade de Jesus, nos pensamentos, nas palavras e nas obras. Assim, nossos pensamentos serão cristãos, pensamentos de Cristo. As nossas obras serão obras cristãs. As nossas palavras serão cristãs.

O Papa Francisco quer uma Igreja pobre, simples, próxima, acolhedora, sincera, realista, que promove a cultura do encontro e a misericórdia; uma Igreja que vai ao essencial, que se centra em Jesus Cristo contemplado e adorado, recupera o Evangelho, anuncia a grande Boa-Notícia da salvação em Cristo; uma Igreja preocupada, sobretudo, com a dor e o sofrimento humano, a guerra, a fome, o desemprego juvenil, os anciãos, onde os últimos sejam os primeiros, onde não se possa servir a Deus e ao dinheiro; uma Igreja profética, livre em relação aos poderes deste mundo.

Hoje, historicamente, a Igreja se encontra em um momento de passagem entre "a realidade da crise e a viabilidade das soluções anunciadas por Francisco". Passado e presente se chocam na luta pela implantação da nova ordem a ser criada. É bom lembrar também que a reforma da Igreja não pode limitar-se à reestruturação da Cúria Romana. É preciso que as propostas do papa perpassem todas as instâncias da hierarquia eclesial e tenham consequências em sua missão evangelizadora, e o novo sopro do Espírito renove a vida dos discípulos e discípulas missionárias.

Teologia nas fronteiras e periferias

Outra questão que tem ocupado os estudiosos diz respeito à reflexão teológica do Papa Francisco e sua posição em relação à teologia e aos teólogos. Não obstante todas as especulações acerca de tema tão nevrálgico para a vida da Igreja, o Papa Francisco trata essas questões com clareza e objetividade.

Teologia é ciência e como tal precisa ser respeitada, apreciada e acolhida no seio da Igreja. Teólogos e teólogas têm a árdua missão de repensar constantemente a fé cristã. O Papa Francisco tem restabelecido o diálogo com os teólogos, sem preconceitos, censura, punição, castigos silenciosos, mas estimulando a criatividade, o compromisso e a ousadia profética.

Serve aqui como exemplo a carta enviada, pelo Papa Francisco, ao cardeal-arcebispo de Buenos Aires, por ocasião do centenário da Faculdade de Teologia da Universidade Católica Argentina, datada de 3 de março de 2015, na qual, de forma provocativa e pastoral, aborda questões cruciais para a teologia, o fazer teológico e os teólogos; questões que dizem respeito ao *lugar da teologia*: as fronteiras e as periferias; ao seu *conteúdo*: a centralidade de Jesus Cristo, rosto misericordioso do Pai; à sua *função*: salvação da humanidade; *à sua identidade*: centrada em Jesus Cristo, inserido na história, acompanhando os processos socioculturais, com cheiro de povo, cuidando de suas feridas. O conteúdo da carta convoca a uma profunda avaliação do nosso modo de fazer teologia.

O Papa Francisco escreve: "Ensinar e estudar teologia significa viver numa fronteira na qual o Evangelho se encontra com as necessidades das pessoas". É preciso evitar uma teologia que se esgote na disputa acadêmica ou que olhe para a humanidade de um castelo de vidro. A teologia é aprendida para ser vivida: teologia e santidade são um binômio inseparável:

A teologia que elaborais seja radicada e fundada, na Revelação, na Tradição, mas acompanhe também os processos culturais e sociais, em particular as transições difíceis. Neste tempo, a teologia deve enfrentar também os conflitos, não só os que experimentamos na Igreja, mas também os relativos ao mundo inteiro e que são vividos nas ruas da América Latina.

O Papa insiste:

> Não vos contenteis com uma teologia de escritório. O vosso lugar de reflexão sejam as fronteiras. E não cedais à tentação de ornamentá-la, perfumar, consertar nem domesticar. Os bons teólogos, como os bons pastores, têm o cheiro da rua e, com sua reflexão, derramam azeite e vinho sobre as feridas dos homens.
> A teologia seja expressão de uma Igreja que é "hospital de campanha", que vive sua missão de salvação e cura do mundo. A misericórdia não é só uma atitude pastoral, mas a própria substância do Evangelho de Jesus. Encorajo-vos a estudar como a refletir nas várias disciplinas – dogmática, moral espiritualidade, direito etc. – a centralidade da misericórdia. Sem misericórdia, nossa teologia, nosso direito, nossa pastoral correm o risco de desmoronar na mesquinhez burocrática ou na ideologia que por sua natureza quer domesticar o mistério. Compreender a teologia é compreender Deus, que é amor.
> O estudante de teologia não deve ser um teólogo de "museu", que acumula dados e informações sobre a revelação, sem saber verdadeiramente o que fazer deles; deve ser uma pessoa capaz de construir humanidade a seu redor, de transmitir a divina verdade cristã em dimensão deveras humana, e não um intelecto sem talento, um eticista sem bondade, nem um burocrata do sagrado.

O Papa Francisco reafirma sua posição em relação à teologia na encíclica *Laudato Si'* 17:

> As reflexões teológicas ou filosóficas sobre a situação da humanidade e do mundo podem ressoar como uma mensagem repetida e vazia, se não

forem apresentadas novamente a partir de um confronto com o contexto atual no que este tem de inédito para a história da humanidade.

Escutar o grito dos pobres

É importante lembrar que o Papa Francisco se apresentou como o papa que "veio do fim do mundo". Esta afirmação, que à primeira vista parece simples, é emblemática e tem um significado profundo e programático. "Vir do fim do mundo" significa trazer consigo para o centro a vivência e a prática da periferia, que é diferente da prática do centro. Significa trazer para o centro as preocupações e as esperanças, as angústias e as utopias das periferias. "Vir do fim do mundo" significa quebrar os paradigmas centrais, estáticos e muitas vezes esclerosados, com propostas novas e audazes.

"Vir do fim do mundo" é trazer para o centro o que nem sempre é considerado problema ou solução para questões fundamentais. Referência para as reformas empreendidas pelo Papa Francisco é o "fim do mundo". Seus gestos revelam inversão de modelos: de uma Igreja preocupada com si mesma para uma Igreja misericordiosa e missionária.

Nesse contexto, os pobres ocupam o centro da reflexão do papa. "Como eu quero uma Igreja pobre para os pobres". Foi esta uma das primeiras afirmações do Papa Francisco depois de sua escolha para sucessor de Pedro. Francisco insiste constantemente na necessidade de escutar o grito dos pobres. Cristãos e comunidades são chamados a ser instrumentos de Deus para a libertação e promoção dos pobres. Isso supõe docilidade e atenção para escutar o grito dos pobres e socorrê-los (EG 187). Existe um vínculo inseparável entre a nossa fé e os pobres (EG 48).

O Papa Francisco deseja não só uma Igreja para os pobres, mas também uma Igreja pobre, rica da pobreza de Cristo. Uma Igreja que coloca no centro o *ser* muito mais do que o *ter*, e que abraça a pobreza como dimensão constitutiva do ser cristão no mundo de hoje, segundo o espírito das bem-aventuranças.

Os pobres e a fragilidade do planeta

O Papa Francisco vincula o sofrimento da Terra, nossa casa comum, com o sofrimento dos pobres. Ele coloca a Terra, oprimida e devastada, que está gemendo como que em dores de parto (Rm 8,22), entre os pobres mais abandonados e maltratados. "Esquecemos que nós mesmos somos terra (cf. Gn 2,7)" (LS 2).

Preocupação pela natureza, justiça para com os pobres, compromisso social e paz interior são realidades inseparáveis. O pensamento do papa e seu coração de pastor se voltam para: a relação íntima entre os pobres e a fragilidade do planeta, a convicção de que tudo está interligado no mundo, a crítica do novo paradigma e das formas de poder que derivam da tecnologia, o convite a procurar outras maneiras de entender a economia e o progresso, o valor próprio de cada criatura, o sentido humano da ecologia, a necessidade de debates sinceros e honestos, a grave responsabilidade da política internacional e local, a cultura do descarte e a proposta de um novo estilo de vida (LS 160).

Em relação à ecologia integral, o papa escreve: "Não há duas crises separadas: uma ambiental e outra social; mas uma única e complexa crise socioambiental. As diretrizes para a solução requerem uma abordagem integral para combater a pobreza, devolver a dignidade aos excluídos e, simultaneamente, cuidar da natureza" (LS 139).

Considerações finais

Ainda é cedo para tecer juízos definitivos sobre os efeitos dos ensinamentos, dos gestos, das palavras e das propostas de mudança do Papa Francisco. Os processos históricos, dinâmicos e lentos, vão percorrendo o seu caminho, superando encruzilhadas e, muitas vezes, nos surpreendendo com o imprevisível.

Mas existem sinais que indicam o caminho que Francisco está disposto a trilhar, com coragem e ousadia profética. A *Igreja em saída* para o anúncio de Jesus Cristo, misericórdia do Pai, para o serviço à humanidade e em diálogo com a sociedade tece o paradigma de seu pontificado. O perfil dessa Igreja inclui a reforma moral e disciplinar, criando uma nova identidade eclesial e as reformas estruturais, a começar pela Cúria Romana. Consequentemente, compõem os seus pronunciamentos a centralidade de Jesus e o seu seguimento, a defesa dos pobres e marginalizados, o diálogo pluridimensional, as críticas ao consumismo e ao liberalismo.

Podemos, portanto, afirmar que o Papa Francisco inaugurou uma nova fase na vida da Igreja. Certamente, depois dele o papado não será mais o mesmo.

Que o desejo do Papa Francisco, e de todos nós, se realize, que cada cristão(ã) seja realmente discípulo(a) missionário(a) e que a Igreja seja povo fiel a Deus e a caminho, inserida no contexto histórico atual, vivendo a misericórdia, como dom e compromisso.

Referências bibliográficas

FRANCISCO. *Evangelii Gaudium*. São Paulo: Paulinas, 2013.
_____. *Laudato Si'*. São Paulo: Paulinas, 2015.
_____. *La felicita si impara ogni giorno*. Roma: Rizzoli.
_____. *A verdade é um encontro*. São Paulo: Paulinas, 2015.

III.

AS UTOPIAS, AS DEFASAGENS E OS SILÊNCIOS

AS REFORMAS NA IGREJA ENTRE A INSTITUIÇÃO E O CARISMA

João Décio Passos

As categorias *carisma* e *instituição*, utilizadas por Max Weber para analisar as dinâmicas do poder, ajudam a compreender em boa medida o que está ocorrendo com as reformas encaminhadas pelo Papa Francisco no momento atual da Igreja. Em suma, trata-se de uma reforma empreitada dentro de uma instituição tradicional por uma figura institucional que é o papa. Em termos weberianos, significa também uma proposta de renovação que vem de um fundamento sobrenatural e por meio de um líder renovador que terá de ser encaminhada dentro de uma organização burocrática que goza de objetividade e capaz de autofuncionamento.

Essas categorias ajudam a compreender os jogos de renovação e conservação do poder e, por conseguinte, a luta entre os líderes dedicados a cada uma das estratégias correspondentes a essas posturas. O Ocidente constitui o lugar principal em que se verificam tais processos na própria história de sua constituição. O Cristianismo se encontra dentro dessa história como força original e emblemática de um carisma que se torna instituição, ou seja, de um processo de racionalização de um dom (a salvação oferecida por Jesus Cristo) no decorrer do tempo. Fincada nas tradições judaica e greco-romana, a experiência cristã consolida um processo de racionalização do tempo e do espaço. Da tradição judaica herda diretamente uma cosmovisão racionalizadora do tempo: a distinção entre Criação e Criador que coloca o ser humano como senhor da natureza e, por conseguinte, da história, como um intérprete dos acontecimentos e como legislador, posturas assumidas sempre em nome de Deus. Da tradição greco-romana herda de modo especial a racionalização do espaço, ou seja, a capacidade política de organizar as cidades e a grande *oikoumene*.

O carisma messiânico que eclode na experiência do Nazareno será assumido dentro dessas matrizes: primeiramente como juízo de Deus sobre a história (Reino de Deus que chegou) oferecido-discernido na práxis de Jesus e, em seguida, como esforço de gestão do carisma doado pelo Ressuscitado a todos os seus seguidores e, em uma fase seguinte, como organização das comunidades segundo um parâmetro de exercício do poder. O Cristianismo foi construído nessa dinâmica e aí se fez *Ecclesia* (organização comunitária), organização que vai adquirindo formatos distintos em função de sua inserção nos modos de organização da sociedade e da política no âmbito do Império Romano.

Pode-se dizer que, nessa longa temporalidade, o carisma (dom) da salvação foi preservado e oferecido por meio de uma crescente organização institucional que abrangia os diversos aspectos da vida de fé: a fé vivenciada que é formulada racionalmente, os ritos que são estruturados segundo regras objetivas, as normas que se tornam lei e a organização dos papéis que adquirem regras fixas e estabelecem os papéis a serem cumpridos. O Cristianismo exibe uma dinâmica própria em sua compreensão e prática: um *carisma vivo* (o Ressuscitado presente na comunidade com seu dom salvífico) que é administrado pela *Ecclesia* (por meio de discursos, gestos e normas estabelecidas como tradição) e que vai sendo transmitido no decorrer do tempo (e construindo a *tradição* da fé).

As reformas empreendidas e anunciadas pelo Papa Francisco situam-se dentro dessa dinâmica cristã, por mais inéditas que pareçam. Na qualidade de papa, possui a legitimidade para buscar novas formas institucionais que expressem o dom original do Cristianismo no presente momento histórico. Alcançar essas novas formas exige não somente justificativa e convencimento dos membros do corpo eclesial, fase de certo modo já realizada por Francisco, mas mudanças estruturais na organização geral da Igreja.

A tensão entre o carisma e a instituição é inerente ao Cristianismo

O Cristianismo nasceu de um movimento profético-carismático e deu seus primeiros passos como a concretização de um carisma que adquiriu novo significado com a experiência do Cristo ressuscitado. O movimento de Jesus de Nazaré, de cunho profético, acontece dentro da grande tradição judaica, porém à margem da religião oficial instituída no templo e, em certa medida, na sinagoga. Jesus é um profeta popular que anuncia a Boa-Notícia do Reino de Deus junto dos pobres e para os pobres, Reino do Deus Pai de todos e misericordioso, Reino que é histórico, mas que se relaciona diretamente a Deus e à sua transcendência, que é invisível, mas cresce, é imediato, mas não concluído.

Jesus foi executado como Messias rei dos judeus: crime político aplicado aos que eram considerados ameaça ao poder. O movimento de Jesus foi levado adiante primeiramente dentro da instituição judaica. O grupo de Jerusalém se sentia ligado ao templo, embora distante da casta sacerdotal. Os seguidores das cidades gregas estavam inicialmente ligados às sinagogas e dentro delas afirmavam o messianismo de Jesus. Contudo, aos poucos o movimento foi se desligando dessa instituição e buscando seus modos próprios de organização. O Cristianismo se entendia como portador do carisma do Ressuscitado, como a comunidade construída por seu Espírito e identificada com a proposta de Jesus, o Cristo. A primeira tensão entre carisma e instituição se deu em relação ao Judaísmo: às leis tradicionais judaicas (praticar ou não?) e também em relação às estruturas da sinagoga (como se organizar?). Em nome do carisma do Ressuscitado e na força de seu Espírito, as comunidades se organizarão de modo novo. Entendiam que já não havia distinção de raça, classe e sexo (cf. Gl 3,28), que o Espírito doava diferentes dons para a organização da comunidade (cf. 1Cor 12; 14) e que a lei do amor era a regra fundamental (cf. 1Cor 13; 1Jo 2).

As primeiras comunidades foram estruturadas minimamente em torno do dom da salvação de Jesus presente na vida da comunidade. Como modo de vida social, político e cultural alternativo àquele das cidades greco-romanas: socialmente divididas entre escravos e livres e culturalmente influenciadas pelo pensamento grego. Embora dialogue inevitavelmente com seu entorno, o Cristianismo foi construindo sua identidade como uma novidade radical que se distinguia de todas as demais ofertas religiosas e filosóficas de seu tempo. Paulo afirma essa identidade no contraste com as tradições judaica e grega (cf. 1 Cor 1,17-25).

Tratava-se, assim, de um carisma que se afirmava e resistia com sua novidade e se expandida com sua originalidade e frescor. Contudo, aos poucos as comunidades sentem o cansaço do carisma original – rotinização do carisma, como explica Weber – na medida em que morre a geração dos apóstolos e dos primeiros seguidores e na medida em que têm de explicar a si mesmas as suas fontes perante as acusações de religião fanática e ilegal dentro do Império Romano. Para preservar seu carisma, as comunidades vão dando seus primeiros passos organizacionais, retirando modelos do Judaísmo antigo e das próprias cidades gregas. Entendem-se como *Ecclesia* (figura política das cidades), começam a organizar de modo semelhante às cidades (com o supervisor chamado "epíscopo") e adotam mais adiante o modelo de organização judaica (a hierarquia sacerdotal do templo: compondo uma hierarquia com os epíscopos, os presbíteros e os diáconos).

As cartas a Tito e a Timóteo já mostram esses modelos em constituição no final do primeiro século. Clemente Romano e, um século depois, Irineu já dão notícia dessa organização hierárquica análoga à hierarquia sacerdotal da religião judaica. Aquela fase carismática vai cedendo lugar a uma fase de institucionalização dos papéis, das funções e das normas. O carisma *in statu nascendi* dá lugar a uma ordem mais fixa das coisas, embora permaneça, evidentemente, como a razão de ser da organização que vai sendo criada. O modo de garantir a legitimidade das organizações e fundamentá-la no carisma, ou seja, ligá-la diretamente a Jesus Cristo (caso dos apóstolos por ele escolhidos e enviados) e ao seu Espírito (caso de outros ministérios que são instituídos). Em outros termos, toda instituição tem razão de ser se estiver fundamentada no carisma que a gerou como causa primeira e final. Sem o carisma a instituição não se legitima. O passo seguinte da comunidade cristã foi a adoção das estruturas políticas e jurídicas do Império Romano como forma de organização da Igreja. A Igreja que já estava institucionalizada segundo parâmetros hierárquicos análogos à hierarquia sacerdotal do Antigo Testamento e encaixa-se, então, na ordem imperial, estruturando-se em termos de poder político, de organização espacial e de ordenamento jurídico. A instituição eclesial adquire seu formato mais racional e burocrático, tornando-se uma máquina organizada de exercício do poder religioso, com territórios estabelecidos, com papéis fixados e com regras e fluxos previstos.

A organização da Igreja que hoje enxergamos diretamente não é aquela dos primeiros tempos do Cristianismo, mas a do Império Romano. É dentro desse ordenamento que o carisma cristão está presente, bem ou mal, explícito ou implícito, visível ou invisível, promovido ou sufocado. A organização institucional existe, evidentemente, como transmissora do carisma (sentido preciso da tradição) em cada tempo e lugar; sem esse fundamento ela perde sua razão de ser. Contudo, nem sempre ela deu conta de comunicar o carisma com toda a sua clareza e força e foi com frequência cobrada dessa tarefa.

As lutas por renovação em nome do carisma

Todas as instituições cristãs existem por causa do carisma que as fundamenta permanentemente. O carisma não constitui apenas o começo, mas a origem permanente que lhes dá legitimidade. Esse dado constitutivo da Igreja foi, ao mesmo tempo, a razão de sua estruturação institucional e a razão de suas rupturas. Duas tendências se apresentam, portanto, no decorrer da história. Uma primeira busca: rever a instituição a partir de seu carisma original. O monarquismo, os eremitas, os místicos, as ordens religiosas e muitos movimentos hereges reproduzem essa dinâmica. É a força permanente de renovação da Igreja que se mostrou de muitas formas no decorrer de sua história. Em nome das fontes puras do Cristianismo, os reformadores apresentaram suas propostas de renovação. Os movimentos de Bento de Núrsia, de Joaquim de Fiori, de Francisco de Assis, de Martinho Lutero, de Teresa D'Ávila, do Vaticano II e o do Papa Francisco entraram em ação como esforço de resgatar das fontes cristãs os elementos que podem e devem renovar a Igreja. O carisma cristão sempre pressionou a instituição eclesial a renovar-se para ser mais coerente com seu fundamento.

A outra força vem de dentro da instituição que pretende preservar-se como legítima em todas as suas configurações e ações. É quando se busca fundamentar a instituição no carisma. Cria-se, então, uma teologia da instituição que vincula todas as suas estruturas a Jesus Cristo. Cria-se uma teologia do poder e, muitas vezes, do poder absoluto, uma teologia da lei que se torna como que revelada, uma teologia do rito que se fixa em certos padrões litúrgicos, certa teologia do papado, dos lugares e das coisas sagradas, de uma estética específica e assim por diante. É uma espécie de teologia da instituição que sacraliza aquilo que é historicamente construído e que congela padrões relativos como absolutos. Quando isso ocorre, a instituição resiste às mudanças em nome da fé, em nome do carisma. Essa mesma força execra todo movimento de reforma como heterodoxo ou herege por propor renovar a "instituição sagrada" e, para tanto, romper com a "tradição verdadeira" deixada por Deus. Os conservadores usam do carisma para justificar a preservação da tradição e das estruturas institucionais. Os reformadores buscam no carisma os elementos para renovar a instituição. O fato é que o carisma cristão permanece vivo e constitui, evidentemente, a sua única fonte. Fora dessa fonte não há justificativa para as estruturas, os papéis e as normas da Igreja.

O Evangelho é sempre a fonte renovadora de todas as estruturas historicamente construídas, fora dele não há salvação para a instituição. Não se trata de negar a organização institucional. Ela é necessária para a vida humana em qualquer tempo e lugar. Além disso, ela ocorre como meio de gerir o carisma no tempo e no espaço, ocorre espontaneamente, independente do modelo organizacional que venha adotar. A história das organizações eclesiais cristãs e das demais religiões demonstra essa factualidade histórica e política. A consciência cristã exige que se volte sem cessar para o seu fundamento para dele retirar elementos para a vida pessoal e comunitária. A Igreja é a comunidade dos seguidores de Jesus Cristo e dele retira todos os parâmetros para posicionar-se dentro da história e aí organizar-se para melhor servir.

As renovações do Vaticano II

Na história das reformas cristãs e católicas, a volta às fontes e a busca dos meios de dialogar com o presente foram as dinâmicas que permitiram rever as posturas e propor o novo. A reprodução da tradição e o exercício da função burocrática não podem renovar, somente preservam. O Vaticano II foi o movimento de renovação da Igreja mais amplo e atual; continua sendo normativo para toda a Igreja, como o último momento de interpretação da grande tradição feito pelo Magistério extraordinário. O Papa João XXIII lançou a ideia de um *aggiornamento* para toda a Igreja, ou seja, uma atualização que fosse capaz de colocá-la em sintonia com os tempos atuais e apresentar-se à humanidade sem rugas e sem manchas. Duas grandes tendências já se faziam visíveis na Igreja. A primeira, de cunho fortemente institucional. Tratava-se de uma instituição estável em sua tradição e doutrina, em sua organização hierárquica, em sua teologia e norma. Uma Igreja que tinha como centro o papa, do qual emanavam todas as intepretações e decisões a respeito da vida da Igreja como um todo. Essa Igreja assim estruturada e em pleno funcionamento não necessitava de qualquer renovação. E não faltavam aqueles que entendiam que após a proclamação do dogma da infalibilidade papal não cabia sequer a figura de um Concílio. Tudo se resolvia com o exercício do papado.

A segunda tendência acontecia, evidentemente, dentro da Igreja, mas trazia para seu seio muitos elementos renovadores: a Ação Católica inseria os cristãos na sociedade e na política, a reforma da liturgia era um movimento forte desde o início do século XX, o ecumenismo que se iniciara no mundo protestante estava presente dentro da Igreja, a teologia passava por reformas no diálogo direto com o pensamento moderno e com as ciências. Embora a Igreja se mantivesse como que estável em sua organização institucional, estava, na verdade, penetrada por movimentos renovadores que clamavam por mudanças institucionais. Além do mais, havia duas décadas que a humanidade passara por mudanças radicais. Muitas renovações haviam sido realizadas no âmbito da geografia e das políticas internacionais após a catástrofe da Primeira Guerra Mundial. O mundo já não era o mesmo. A Igreja também já não era a mesma, embora suas estruturas tradicionais estivessem totalmente preservadas.

O processo conciliar encaminhou passo a passo o *aggiornamento* proposto pelo Papa João. Não havia um caminho previamente traçado que oferecesse as respostas prontas, ao contrário, essas eram buscadas a cada momento com a participação de vários sujeitos envolvidos no processo. A distinção entre a *substância* da doutrina e a sua *formulação* oferecida por João XXIII em seu Discurso de Abertura do grande evento abria a possibilidade de repensar a Igreja e o mundo e a relação entre ambos sob a perspectiva não mais da condenação, mas da misericórdia, da colaboração e do diálogo. Essa postura efetivava-se em duas direções mutuamente implicadas: a volta às fontes e a abertura à realidade presente. A consciência de que era necessário voltar às fontes cristãs para retirar delas as referências para pensar e viver a Igreja marcaram as reflexões e decisões conciliares nas mais diversas questões, o que exigia a busca de novos parâmetros teológicos que fossem além do velho paradigma escolástico. Na outra direção, o diálogo com os tempos modernos se dava não somente como postura de acolhida das práticas modernas centradas no ser humano, mas também de diálogo com o pensamento e as ciências modernas.

Nessas duas direções o Concílio pôde renovar de modo significativo a interpretação da Igreja e sua missão e relação com o mundo. Restava, contudo, traduzir as renovações eclesiológicas em novas práticas eclesiais, ou seja, em novas maneiras de a Igreja exercer a sua missão pastoral e o seu modo de governar o Povo de Deus. O papel do leigo foi assumido como um dado fundamental, decorrente da condição de batizado e de participante do múnus sacerdotal, profético e real de Jesus Cristo. O papel dos bispos e dos presbíteros foi assumido como serviço ao Povo de Deus e não como poder sagrado exercido sobre os profanos. E a relação entre o papa e os bispos foi entendida como uma prática colegial e não como poder centralizado e descendente de um bispo universal exercido sobre os demais bispos. A renovação teológica (nível teórico) foi sendo traduzida em princípios práticos (nível operacional). Restava, ainda, uma última tradução: a renovação da organização do governo eclesial (nível estrutural).

O exercício da colegialidade pedia uma nova maneira de governar a Igreja como um todo e, portanto, um modo de o Bispo de Roma exercer seu ministério petrino de forma participativa com os demais bispos espalhados pelo mundo. Para tanto, a organização da Cúria Romana, estruturada sobre os parâmetros de uma centralidade absoluta do papado, deveria ser reformada. Os padres conciliares entendiam que as decisões conciliares deviam chegar ao papado e, por conseguinte, à Cúria Romana. Deveriam, assim, ser repensadas as formas concretas de o Bispo de Roma exercer sua função de forma colegiada, de os episcopados regionais e locais exercerem seu múnus de governo e ensino e de os Dicastérios Romanos serem recolocados em suas funções de serviço ao papa na sua missão de chefe do episcopado.

Essas reformas estruturais não aconteceram. Paulo VI chamou para si a reforma da Cúria, retirando-a da pauta dos debates conciliares. As renovações eclesiológicas não foram traduzidas institucionalmente. A figura dos sínodos resgatada como um dos meios de exercer a colegialidade terminou como uma estratégia de consulta do papa aos bispos e não como momento de decisões colegiadas. Em suma, o papado continuou cada vez mais centralizado, as Conferências Episcopais sem autonomia local e a Cúria Romana como um órgão muitas vezes (quase sempre) acima dos bispos. A velha ideia de uma Igreja universal localizada em Roma que se concretiza nas Igrejas locais espalhadas pelo mundo continuou vigorando na prática e na teoria. O carisma da renovação conciliar (a Igreja comunhão dos batizados e de todo o Povo de Deus presente na história) não foi traduzido institucionalmente. Ao contrário, foi assimilado pelos antigos esquemas institucionais já consolidados em uma tradição teológica, canônica e política.

As renovações do Papa Francisco

As renovações oferecidas pelo Vaticano II produziram frutos pelo mundo afora, embora tenham sido cada vez mais assimiladas pelos esquemas de pensamento e de práticas eclesiais anteriores ao Concílio. As decisões conciliares foram ficando cada vez mais dispensáveis na vida da Igreja, a ponto de grupos francamente opostos às renovações decididas pelo Concílio serem readmitidos sem maiores exigências na comunhão católica. A Igreja pré-conciliar tornou-se sempre mais legítima e, em alguns locais e segmentos, ganhou hegemonia. E foi no fluxo desse movimento de resgate de um projeto eclesial pré-conciliar que se instaurou uma das maiores crises institucionais na Igreja com a renúncia do Papa Bento XVI.

O sucessor de Bento foi eleito com a tarefa de renovar a Igreja naqueles pontos necessários para da superação em que se encontrava. Na pauta estavam presentes renovações de ordem moral, política e administrativa. Um papa dotado de capacidade administrativa levaria a tarefa a cabo. Contudo, Francisco se apresentou como um personagem renovador, dotado de carisma e com inusitada postura no exercício do ministério papal. Rapidamente ficou claro que não se tratava de um líder renovador da burocracia curial ou de um simples reformador moral por meio de atos disciplinares. Tratava-se, de fato, de um papa com marcas pessoais definidas e com uma concepção renovadora do papado. A função de reformar a Igreja brotava naturalmente da pessoa de Bergoglio e do seu modo de exercer o papado. O nome Francisco já prenunciava a postura fundamental do novo pontificado: reformar a Igreja em nome do Evangelho.

O carisma emerge, de fato, como a fonte das estruturas, das linguagens, dos métodos e das posturas dos membros da Igreja. A Constituição programática do pontificado, *Evangelii Gaudium*, expõe essa opção de modo contundente. A reforma da Igreja é exposta não como uma medida reformadora da instituição em crise, mas como uma necessidade que brota da própria razão de ser da Igreja. O coração do Evangelho é a fonte de onde se retiram as forças e os rumos para uma renovação inadiável e permanente da Igreja. O Vaticano II é assumido como a referência eclesiológica para a renovação, bem como a tradição eclesial latino-americana da Igreja dos pobres.

Francisco está simbólica e politicamente associado à renovação. A grande mídia o apresenta com razão desse modo. Pode-se dizer que, desde então, o papado não é mais o mesmo. As renovações práticas nesse âmbito rompem com a tradição fixa e linear do ministério petrino exercido muito à maneira imperial. A função do Bispo de Roma é retomada de modo efetivo nas práticas colegiadas de exercício do papado. A postura de autocrítica da Igreja rompe com o padrão regular de autodefesa institucional. Não se trata apenas de uma opção individual no modo de exercer o papado, mas da colocação de novas maneiras de exercer o poder que tornam legítimas práticas e concepções que anteriormente não eram. Antes de Francisco, falar em reforma da Igreja beirava a heresia; a opção pelos pobres era uma questão pastoral periférica; as críticas sociais, um capítulo isolado da Doutrina Social; a discussão do celibato obrigatório, um dogma intocável; a admissão dos recasados na Eucaristia, um pecado etc. No etos católico, o papado constitui uma instância por si mesma legitimadora de práticas e de ideias. A partir de Francisco, já se pode dizer que uma tradição vem sendo renovada e causando impactos institucionais, na medida em que novos modos de viver a fé na Igreja são assumidos como necessários, para além da centralização romana que se encontrava em curso desde os tempos pós-conciliares. O tempo da renovação da Igreja está aberto e não adere a ela quem não quer ou quem é contra. Na *Evangelii Gaudium* Francisco convoca a todos a participar dessa renovação. Em termos políticos, a renovação da Igreja está institucionalizada, resta sua efetivação em termos estruturais.

A reforma das estruturas e dos processos

Se a reforma da Igreja já constitui, hoje, um fato institucional e legítimo, ela ainda carece, contudo, de mudanças estruturais – e inevitavelmente jurídicas – para que possa trazer resultados efetivos para o conjunto da Igreja e inaugurar uma nova etapa na transmissão do carisma na jornada histórica dos seguidores de Jesus Cristo. A estrutura da Igreja ainda permanece a mesma, bem como os modos de exercício das funções eclesiais e eclesiásticas não foram alterados desde a chegada do novo papa.

A organização da Igreja Católica tem significados tradicionais e raízes longínquas na longa história da formação das instituições ocidentais. Contudo, resulta de decisões contextualizadas e de processos de invenção política que, mesmo sendo bem-sucedida, permanece em boa medida congelada em seus modelos. A organização atual da Igreja é um retrato fiel de épocas passadas. Os modos modernos de exercer o poder e de organizar a administração das instituições tiveram pouco impacto sobre ela. Como já foi exposto, o *aggiornamento* do Vaticano II não atingiu a organização da Igreja. Francisco está disposto a concluir essas reformas iniciadas pelo Concílio e abrir a Igreja para os tempos atuais (cf. EG 27-34). A estrutura eclesial atual tem a favor de sua permanência alguns fatores: a fundamentação teológica de algumas de suas figuras (papado, bispados, sacramentos, rituais e normas), a longa tradição sobre a qual se assenta (as formas de organização da administração eclesial, como as dioceses e as nomeações dos bispos), a tradução jurídica das práticas eclesiais (o Código de Direito Canônico), a cultura consolidada em torno das práticas (a reprodução de um *modus operandi* eclesial clerical e centralizador) e a maioria do atual episcopado de perfil conservador (resistente ou indiferente às reformas).

A preservação da instituição e da tradição é mais conveniente que a mudança e tende a impor-se pela inércia ou pela resistência velada ou explícita. Em termos weberianos, o carisma da reforma tende a cair na rotina na medida em que o tempo passa e, sobretudo, quando da ausência do reformador. A instituição tem a seu favor aquilo que já está oficializado e em funcionamento regular, enquanto as reformas exigem vontade, decisão e esforço de instauração do novo. A renovação só ocorre com conversão e criatividade, com trabalho e olhar prospectivo que transcende o tempo e o espaço imediatos. A institucionalidade é pragmática e visa o funcionamento das estruturas no presente; ela se faz pela via das normas objetivas, da eficiência e dos interesses de indivíduos ou grupos, no caso de corporações tradicionais, como no caso da Igreja Católica.

As reformas estruturais anunciadas por Francisco permanecem até o momento como promessa viável e como expectativas para católicos e não católicos. O papa sustenta essa promessa com fôlego renovável em seus discursos e em seus projetos. Contudo, as reformas ainda não foram efetivadas de modo estrutural no conjunto da organização eclesial. O paradoxo de todo carisma reformador é ter de institucionalizar-se para poder produzir efeitos. Do contrário, poderá desaparecer com o seu portador. Francisco tem enfrentado as resistências previsíveis das figuras institucionais que perfilam a hierarquia católica em relação a seus projetos reformadores. Não faltam aqueles que por medo das mudanças desejam abertamente sua morte. Desses, não obterá além de adesões formais em nome da comunhão e da fidelidade ao sucessor de Pedro.

As reformas serão verdadeiramente eficazes na medida em que redesenharem as estruturas, as funções e as regras que compõem a organização da Igreja. Elas terão de refazer a Cúria Romana e as demais cúrias diocesanas, o Direito Canônico e as demais regras que regem a vida da Igreja; terão de repensar também as funções dos ministérios eclesiais e as práticas de governo eclesial em todos os níveis. Francisco é o regente dessa mudança e poderá executá-la com a legitimidade de que o papado é portador e com o seu inegável carisma pessoal. O carisma do Evangelho oferece a força original para os modos de organização da Igreja no decorrer da história. Vivemos na Igreja tempos de renovação; o carisma da mudança está em alta dentro da instituição, que insiste e insistirá na preservação de suas estruturas e de seu funcionamento. Francisco irradia em sua pessoa e em seu ministério a necessidade de reformas benéficas para a Igreja, é testemunho vivo de que o novo pode emergir dentro do velho e promessa de realização de mudanças nos próximos tempos. Em seus discursos já ofereceu a fundamentação teológica e pastoral das reformas. As reformas estruturais e funcionais será o próximo passo. A conversão de todos os membros da Igreja para as renovações que forem concretizadas será o passo definitivo para a transformação missionária da Igreja.

A transmissão do carisma em cada tempo e lugar

A noção de *tradição* (do latim *traditio*, *tradere*, significa "entregar", "passar adiante") posiciona-se precisamente entre o carisma e a instituição, ou seja, como o modo de transmissão do passado fundante em cada tempo e lugar em que a Igreja se encontra, como organização efetiva das estratégias de comunicação do carisma da salvação em cada contexto. A tradição consolida esses modos de preservação do carisma vivo na história e se constitui na fidelidade ao passado e ao presente. Sem o passado a comunidade cristã se torna seita carismática que dispensa a organização presente como peso desnecessário para a vivência do Evangelho; sem o presente ela se torna corporação conservadora que se fecha aos processos de mudança histórica e ao Espírito vivo que age no aqui e no agora. As reformas da Igreja são momentos fortes de transmissão do carisma do Evangelho e, portanto, de construção da tradição. O ato de reformar é inerente à tradição: toda tradição preserva renovando e, por essa razão, é capaz de passar adiante o carisma de que é portadora. Em termos políticos, as reformas desinstitucionalizam e reinstitucionalizam. No Cristianismo, toda institucionalidade tem seu fundamento no carisma vivo que atua no presente como possibilidade de salvação oferecida por

Jesus Cristo na comunidade de seus seguidores. A estrutura institucional que esconder esse dinamismo vivo torna-se traidora de sua razão de ser, ainda que sustente um fundamento nas origens cristãs.

A convicção de que a Igreja está em reforma permanente (*Ecclesia semper reformanda*) acompanha a história da Igreja, ora com maior efetividade, ora apenas como um princípio espiritual. Acreditar e empreender reformas na Igreja é, antes de tudo, um ato de fé. Mas é também uma decisão que exige coragem e estratégia da parte dos sujeitos responsáveis. O Papa Francisco não conta até o momento com adeptos entusiastas para as reformas anunciadas, embora possa contar com adesões oficiais por parte de membros da hierarquia. Também, é verdade, tem recebido resistências da parte de membros da Igreja que consideram suas propostas desnecessárias e perigosas. Os membros bem integrados do corpo institucional não precisam, de fato, de mudanças para exercer suas funções. Somente uma visão radical que ultrapasse o exercício burocrático da função é que poderá oferecer razões para mudar o que está estabelecido e, sobretudo, estabelecido como verdade a ser preservada.

O carisma cristão é um dinamismo sempre vivo e atual que os escritos do Novo Testamento testemunham como realidade acolhida, vivenciada e administrada pelos seguidores de Jesus Cristo. Os textos bíblicos são letras que permitem chegar ao significado mais profundo (ao espírito) e ao Espírito que conduz a comunidade eclesial à verdade na história que munda e nas relações com as diferenças e com o novo que clamam por discernimento e por renovação de posturas. É sobre essa fé preservada e transmitida que toda reforma da Igreja se assenta e assume seus distintos formatos. A segurança institucional fundamenta-se na evidência, na certeza e na praticidade e, por essas razões, dispensa as apostas na renovação; o quadro institucional atual e estável é sempre bom e melhor que outro que possa vir. As reformas, por sua vez, têm seu fundamento na aposta do novo que se anuncia como mais coerente e como melhor para a instituição; elas avançam na direção do imprevisto e clamam para a criatividade e para a conversão que começa no coração e se conclui nas estruturas e nas regras. As reformas estruturais ocorrem sempre em confronto com forças resistentes e preservadoras dos padrões estabelecidos. Não será diferente com as reformas apresentadas pelo Papa Francisco. Elas deverão ocorrer apesar das estruturas cristalizadas na Igreja e das rejeições de personagens que nela atuam como guardiões da tradição e administradores da burocracia eclesiástica.

Nenhuma instituição pode existir por si mesma no âmbito do Cristianismo. Se isso ocorre, o carisma cristão é sufocado e a organização eclesial perderá seu sentido. O carisma é força renovadora que busca sempre novos modos de organizar-se em cada tempo e lugar. Nesse sentido, pode-se dizer que o carisma pede instituição para sobreviver e ser transmitido. Contudo, é igualmente verdadeiro que a instituição pede o carisma para legitimar-se em suas estruturas e operações. A Igreja se faz na história nessa circularidade nem sempre simples de ser concretizada, porém sempre necessária. Não se faz pela via do anarquismo carismático nem pela via do conservadorismo institucional. A via da mudança permanente na força do Espírito que faz novas todas as coisas é sua norma constitutiva. Na medida em que as organizações institucionais que compõem a Igreja se renovam a partir de suas fontes, elas revelam o carisma fundante da vida oferecida pelo Ressuscitado e superam a tentação da autorreferencialidade.

No jogo dialético entre carisma e instituição não haverá síntese final, mas a busca permanente da expressão histórica mais coerente para o carisma cristão. Toda reforma deve ser encarada, portanto, como um momento histórico provisório, jamais absoluto. O princípio da renovação permanente da Igreja expressa essa verdade de dupla dimensão: afirma a necessidade de se buscar novas expressões institucionais para o carisma em cada época histórica e ao mesmo tempo a provisoriedade dessas expressões. As reformas pretendidas por Francisco são necessárias como respostas à força do carisma cristão nesse momento preciso da história, missão decorrente do mandato do Ressuscitado de levar adiante a Boa-Nova até o fim do mundo e o fim dos tempos e tarefa de buscar os meios institucionais mais coerentes para executá-la. A força do carisma permanece, as instituições se modificam.

NA IGUAL DIGNIDADE BATISMAL:
LAICATO, SERVIÇOS E MINISTÉRIOS, RELAÇÃO DE GÊNERO NO INTERIOR DA IGREJA

Maria Cecília Domezi

Em profunda oração diante da tilma que está na Basílica de Nossa Senhora de Guadalupe, o Papa Francisco realizou um sonho em 13 de fevereiro de 2016. Já havia pedido ao povo mexicano que, por favor, o deixasse estar um momento a sós diante da imagem da Padroeira da América Latina. Ao presidente do México apresentou-se como um "missionário de misericórdia e de paz, mas também como um filho que quer prestar homenagem à sua mãe, a Virgem de Guadalupe, e deixar-se olhar por ela". E aos bispos desse país confessou: "Não podia deixar de vir! Poderia o sucessor de Pedro, chamado do profundo sul latino-americano, privar-se da possibilidade de pousar o olhar na 'Virgem Morenita'?".

Interessa-nos essa troca de olhares com a Mulher que anima e ajuda a crescer a Igreja apostólica e toda ministerial, buscada pelo papa latino-americano que fala da necessidade de uma profunda teologia da mulher. Em julho de 2013, numa conversa com jornalistas a bordo do avião que o reconduzia a Roma, na volta da Jornada Mundial da Juventude realizada no Rio de Janeiro, ele falou dessa necessidade, acrescentando que as mulheres têm um papel mais forte que só a maternidade e o cuidado da família. E acrescentou: "Uma Igreja sem mulheres é como o Colégio Apostólico sem Maria".

Três meses depois, junto ao Conselho Pontifício para os Leigos, que celebrava, com um seminário de estudos, o 25º aniversário da *Mulieris Dignitatem*, carta apostólica de João Paulo II sobre a dignidade da mulher, ele propôs uma valorização maior do papel da mulher na Igreja, e desabafou: "Eu sofro, de verdade, quando vejo na Igreja ou nalgumas organizações eclesiais que o papel de serviço, que todos temos e devemos ter, da mulher resvala para um papel de 'servidão'".

No número 104 da sua exortação apostólica *Evangelii Gaudium*, publicada em novembro de 2013, afirma que "uma mulher, Maria, é mais importante do que os Bispos" (104).

O papa que quer impulsionar uma reforma estrutural na Igreja Católica tem com as mulheres uma relação de parceria, acompanhada de profundo respeito, gratidão e sentimento filial. Está sempre lembrando que Igreja é palavra feminina e insiste em que as mulheres sejam mais valorizadas nos espaços eclesiais. Reacende a esperança sem esconder as defasagens, os silêncios e tropeços por causa de um milenar centralismo sexista-masculino e clerical defendido por um pesado bloco de autoridades eclesiásticas.

Entretanto, sua denúncia da redução da mulher a um papel de servidão parte de uma retomada, atualização e relançamento da eclesiologia do Concílio Vaticano II, com o acréscimo da sua ênfase na misericórdia. Assim, buscamos aqui algumas possibilidades de avanço da Igreja na vivência da igual dignidade batismal que estão sinalizadas nas iniciativas, gestos e exortações do Papa Francisco. Para isso, partimos de uma brevíssima retrospectiva histórica.

Da liberdade do Espírito a um monopólio patriarcal e sacerdotalizante

Jesus de Nazaré e seu movimento alinharam-se e se misturaram com a multidão de pessoas relegadas à margem da estrutura social e religiosa piramidal, patriarcal e androcêntrica, centrada no legalismo das autoridades do Templo de Jerusalém. Nem Jesus nem seus discípulos eram sacerdotes segundo o modelo do templo. Como diríamos hoje, era um movimento de pessoas leigas que ia ao encontro das pessoas excluídas por serem impuras, pecadoras e endemoninhadas, para compartilhar com elas a boa notícia do Reino de Deus.

Sabemos que as discípulas e os discípulos de Jesus, inclusive a discípula que era sua própria mãe, Maria, constituíram a comunidade eclesial a partir da profusão do dom do Espírito, por dentro da experiência individual e comunitária da fé na ressurreição do seu mestre martirizado numa cruz. Assim, a Igreja cristã nasceu no contexto do Judaísmo, mas na contramão do *status quo* que fazia todo judeu piedoso que se prezasse louvar a Deus todos os dias por não o ter criado na condição de gentio nem de mulher, nem de ignorante.

Na contramão também das exclusões e desigualdades do mundo greco-romano, a Igreja das discípulas e dos discípulos de Jesus cresceu e se expandiu. O apóstolo Paulo atesta o seu igualitarismo fundado no batismo: "Não há mais diferença entre judeu e grego, entre escravo e homem livre, entre homem e mulher, pois todos vocês são um só em Jesus Cristo" (Gl 3,28).

Essa fontal teologia cristã, porém, logo começaria a ficar esquecida por causa das influências do patriarcalismo, que, contaminado por uma racionalidade que vê a mulher como biológica e moralmente inferior ao homem, legitima a sua dominação sobre ela. Isso ocorreu já quando os Evangelhos foram escritos. No entanto, o Evangelho de João deixa na boca de Marta, a irmã de Maria e de Lázaro, a mesmíssima confissão de fé que, segundo a versão de Mateus, estava na boca de Pedro: "Tu és o Cristo, o Filho de Deus vivo" (cf. Mt 16,16; Jo 11,27). Outros testemunhos que escaparam ao crivo patriarcal estão nas brechas de escritos como os de Paulo, Pedro, Clemente Romano, Inácio de Antioquia, Policarpo de Esmirna. Eles mostram muitas mulheres de atuação marcante nas comunidades cristãs, missionárias abnegadas e eficientes e que deram significativos passos no sentido da sua própria dignidade.

Nos primórdios, a Igreja cristã era uma rede de comunidades em comunhão, que se reuniam nas casas e eram lideradas tanto por homens como por mulheres. A ministerialidade era rica, criativa e plural. Mulheres trabalhavam incansavelmente sem ter tempo para si, servindo às comunidades na profecia, na oração, na caridade, na liturgia e na liderança de *Ecclesias*, isto é, de Igrejas locais.

No final da Carta aos Romanos (Rm 16,1-16), Paulo dirige saudações pessoais a um significativo número de pessoas que estavam no exercício de funções eclesiais reconhecidas e honradas. As mulheres ali aparecem em número um pouco superior ao dos homens. Tratava-se de ministérios exercidos em diversos contextos: na Igreja inclusiva e acolhedora que se reunia na casa de seus patronos Prisca e Áquila; entre escravos do Império Romano e empregados de gentios que se reuniam com Aristóbulo e com Narciso; e pessoas de outro grupo de cristãos ligados a Paulo.

Prisca é nomeada antes de seu marido, Áquila. O casal é reconhecido como cooperador de Cristo a ponto de arriscar a cabeça pela vida do Apóstolo dos Gentios. Outras mulheres missionárias são saudadas por Paulo: Febe, Trifena, Trifosa, Júnia, Pérside, Maria, Júlia. Júnia é nomeada como apóstola e reconhecida como notável entre os irmãos, tendo sido, juntamente com Andrônico, companheira de Paulo na prisão. Maria muito trabalhou pela comunidade. Trifena e Trifosa trabalharam no Senhor. Pérside também muito trabalhou no Senhor e foi estimada. A mãe de Rufo foi mãe também para Paulo. E um destaque especial é dado à diaconisa Febe, de Cencreia, que é a portadora desta carta. Paulo recomenda à comunidade de Roma que a receba "no Senhor", isto é, no reconhecimento do seu ministério em Cristo. Febe dava acolhida e asilo a pessoas migrantes que estavam desamparadas pela lei e à margem do sistema político.

A Igreja cristã dos primeiros tempos enfrentou perseguição da parte das autoridades romanas que acusavam os cristãos de desafiarem a ordem estabelecida. O fato é que seus membros se transformavam em novo homem e nova mulher, vivendo na fraternidade e no serviço, até mesmo dando refúgio aos escravos, perseguidos e discriminados de toda sorte.

No interior das comunidades vigorava a igualdade fundamental. Os termos "presbítero" e "epíscopo" faziam parte do vocabulário comum. Não havia uma conotação sacerdotalizante dos serviços reconhecidos como ministérios. A eleição dos *episcopoi* (bispos) era através da intervenção direta da comunidade cristã local. O Concílio de Calcedônia, no ano 451, decretou que toda ordenação devia ser precedida pela eleição ou indicação do candidato por parte do povo; do contrário, seria considerada inválida. O povo escolheu, por aclamação, Santo Ambrósio para ser Bispo de Milão, quando ele era um simples catecúmeno que se preparava para ser batizado.

Entretanto, houve um processo de sacerdotalização dos ministérios com nuances estranhas ao Evangelho. Iniciado já no tempo dos Padres da Igreja, esse processo se acentuou a partir do século IV, com a virada da Igreja para o modo de cristandade e de Império cristão. Com um crescente afastamento das fontes do Cristianismo, os ministérios foram tomando mais o caráter de administração do povo crente. Desse modo, ao longo dos séculos os serviços e o poder foram progressivamente caindo no monopólio do clero.

A teologia estruturou os ministérios numa correspondência com a hierarquia sacerdotal do Judaísmo, de Sumo Pontífice, sacerdote e levita, de maneira que eles acabaram reduzidos a bispo, presbítero e diácono. Também se foi estabelecendo o centralismo do culto sacrifical e a distinção entre clero e leigos. O carisma e o caráter missionário perderam força. Positivamente, porém, a sucessão apostólica permaneceu como garantia de fidelidade ao Evangelho.

A mulher foi perdendo espaço, cada vez mais minimizada, apesar de sempre sustentar em seus ombros o edifício da Igreja. Sobre ela acumulou-se o peso dos preconceitos da parte das sociedades e da parte do próprio corpo social cristão. Foi progressivamente marginalizada de quase todas as funções, a ponto de tornar-se uma espécie de proletariado do Cristianismo.

O laicato como um todo acabou submetido ao clero, foi excluído do exercício ministerial, com acesso impedido às instâncias consideradas sagradas e condenado à passividade.

A valorização do laicato

Nas últimas décadas do século XIX, cresceu bastante a atuação de pessoas leigas, primeiro de forma isolada e depois em organizações. Embora com bastante dependência da hierarquia, essas pessoas leigas sentiam-se cada vez mais com certa autonomia em seu apostolado dentro da sociedade.

De encontro a isso, novas correntes teológicas buscaram formular uma nova maneira de presença da Igreja na sociedade. Também surgiu um novo entendimento de missão, não mais exclusivamente como converter para o Cristianismo os que estão fora dele, mas também como atuação no próprio ambiente. Assim, falava-se de operários apóstolos do operariado. A vida cristã dos homens e das mulheres passou a ser valorizada em sua integralidade.

Entre os que contribuíram para isso podemos citar o filósofo francês Jacques Maritain, que, aberto ao pluralismo moderno, propôs o humanismo integral, sem separação entre o que é humano e o que é sobrenatural, nem entre Cristianismo e realidades históricas.

Por outro lado, ainda predominava na Igreja uma atitude condenatória em relação à modernidade. Mesmo assim, o Papa Leão XIII publicou, em 1891, sua encíclica *Rerum Novarum*, com abertura à concepção moderna de autonomia e à nova visão antropológica das pessoas leigas. A Igreja iniciava ali uma nova compreensão das pessoas leigas católicas, reconhecendo-as como sujeitos atuantes na sociedade moderna, as quais, chegando lá onde os clérigos da hierarquia não conseguem chegar, contribuem para uma ordem mais justa.

Com os papas Pio XI e Pio XII as pessoas leigas são reconhecidas como participantes do apostolado da hierarquia na qualidade de suplentes e colaboradoras, fazendo a ponte entre a Igreja e o mundo moderno. Na Ação Católica de modelo italiano isso ficou bem evidente. Por sua vez, os leigos e as leigas da Ação Católica Especializada, de modelo belga-francês e no clima dos movimentos precursores do Concílio Vaticano II, engajaram-se na sociedade moderna em atitude de diálogo e serviço, com senso crítico e no comprometimento com a justiça social.

Entretanto, um impulso importante para a consciência das pessoas leigas enquanto membros atuantes da Igreja viva vinha da encíclica *Mystici Corporis Christi*, de Pio XII, em 1943. Ali, a teologia do laicato explicita que todos os fiéis são membros da Igreja, por isso devem participar segundo suas possibilidades e respeitando a ordem hierárquica. A Igreja tem a missão de expandir o Reino de Deus na sociedade, e às pessoas leigas, especificamente, cabe trabalhar pela penetração do espírito cristão em toda a vida familiar, social, econômica e política.

Permaneceu a velha divisão entre o clero, reservado para as coisas sagradas, e o laicato, pertencente ao que é profano. Contudo, enraizou-se o princípio fontal de que todas as pessoas batizadas participam do múnus sacerdotal, régio e profético de Cristo.

Leigos e leigas no Concílio Vaticano II

O Concílio Vaticano II teve sua primeira seção em 1962. O único leigo presente e sem direito a voto foi o acadêmico francês Jean

Guitton, que atuava no campo do ecumenismo e que foi convidado diretamente pelo Papa João XXIII. O velho centralismo e exclusivismo clerical passou a pesar como contradição inaceitável diante da revolução eclesiológica que estava ocorrendo no Concílio. Vamos explicar.

Surpreendentemente, o Concílio abriu-se a uma nova mentalidade eclesial. Através de muitos debates, com abertura a novas contribuições, fez um *aggiornamento* da teologia referente à Igreja, o que ficou consolidado na constituição dogmática *Lumen Gentium*. Em primeiro lugar está o Povo de Deus em sua totalidade, com todos os membros em igualdade batismal. Depois vem a hierarquia, os ministérios específicos, todos redimensionados a partir dessa igualdade batismal.

Essa eclesiologia abre espaço para que todas as pessoas leigas atuem na Igreja enquanto sujeitos e com reconhecimento da sua dignidade, como se pode ver no parágrafo 32 da *Lumen Gentium*:

> Um é, pois, o Povo eleito de Deus: "um só Senhor, uma só fé, um só batismo" (Ef 4,5). Comum é a dignidade dos membros pela regeneração em Cristo. Comum a graça de filhos. Comum a vocação à perfeição. Uma só a salvação, uma só a esperança e indivisa a caridade. Não há, pois, em Cristo e na Igreja, nenhuma desigualdade em vista de raça ou nação, condição social ou sexo, porquanto "não há judeu ou grego, não há servo ou livre, não há varão ou mulher, porque todos vós sois um em Cristo Jesus" (Gl 3,28 grego; cf. Cl 3,11).

O Povo de Deus, com sua índole messiânica, está embasado na iniciação cristã, com os sacramentos do Batismo e da Crisma. Por isso todos os membros são sujeitos e participam de toda a vida sacramental, do senso comum da fé e dos carismas.

Essa eclesiologia fez a maioria dos padres conciliares sentirem-se constrangidos por causa do monopólio clerical no Concílio. Diversas vozes se ergueram reivindicando a presença e a participação de pessoas leigas, a de um dos quatro moderadores inclusive, o Cardeal belga Léon-Joseph Suenens. Por isso, no segundo período, em 1963, com uma modificação no regulamento conciliar pela introdução da categoria dos ouvintes, chamados auditores, o Papa Paulo VI nomeou treze leigos. No entanto, eram todos do sexo masculino, e o incômodo foi grande.

Foi então que, apesar dos receios e das vozes contrárias, o mesmo Cardeal Suenens expôs um argumento decisivo: Os dons do Espírito Santo na vida da Igreja estavam mal evidenciados. O Concílio tinha de aumentar o número e a representatividade universal dos auditores leigos, incluindo também mulheres, religiosas consagradas e leigas.

Paulo VI chamou algumas mulheres a partir do terceiro período conciliar. Assim, do total de 52 auditores leigos, 23 eram mulheres, sendo dez delas membros de instituições de vida consagrada e treze leigas. Também fazia parte desse grupo de auditores leigos um casal mexicano, José Icaza e Luz Maria, que foram os únicos convidados para o Concílio enquanto cônjuges. Algumas mulheres também foram chamadas como peritas para assuntos específicos.

Para além do papel passivo que lhes foi atribuído, essas e esses leigos auditores valeram-se do clima de abertura e diálogo e contribuíram significativamente no trabalho das comissões conciliares. Atuaram através de redes de intercâmbio e de serviço, de testemunhos e parcerias fraternas ali movidas pelo sopro do Espírito e influenciaram positivamente o andamento do Concílio.

As mulheres especialmente, pela primeira vez dentro de um concílio ecumênico, entre apoios e rejeições explícitas à sua presença, ultrapassaram a atribuição de "simbólicas presenças femininas" e deram uma contribuição pioneira. Embora sem voz na assembleia conciliar, souberam colocar-se com toda a dignidade no coração da Igreja, imbuídas do novo sentido de corresponsabilidade e sentindo-se em pé de igualdade com os homens. Essa atuação consciente e corajosa foi também da parte das consagradas, malgrado o peso de um patriarcalismo que as manteve por séculos a fio numa posição de perene minoridade, como necessitadas da tutela masculina e clerical.

A nova eclesiologia do Povo de Deus e a autocompreensão da Igreja como servidora da humanidade favoreceram a contribuição das mulheres do Concílio Vaticano II. Com sua humildade e sabedoria, mesmo entrando sempre pela "porta de serviço", elas mostraram que não deviam ser vistas como uma "categoria" na Igreja nem destacadas com um "papel" específico e muito menos como mera presença simbólica, pois mulheres e homens constituem a Igreja. A grande questão, mostraram elas, era a da necessidade de uma nova abordagem teológica a respeito da Igreja, do laicato e da natureza do apostolado.

Ao encerramento do Concílio, entre as mensagens pronunciadas por Paulo VI a diversas categorias de pessoas esteve a Mensagem às Mulheres, ainda formulada sob influência de certo androcentrismo que limita a mulher a um determinismo biológico, que a confina no âmbito privado como esposa, mãe e educadora e só lhe atribui papéis de retaguarda dos homens.

A proposição do acesso das mulheres ao ministério ordenado esteve vivamente em discussão, mas o Concílio não a incluiu em sua pauta oficial. Ficou reestabelecido o diaconato permanente, mas somente para os homens e sem qualquer menção às mulheres, como consta no parágrafo 29 da *Lumen Gentium*.

Entretanto, o Concílio avançou ao abrir caminho para a vivência da justiça e da fraternidade nas relações de gênero no interior da Igreja, a partir da refontização dos ministérios eclesiais que se embasa na comum iniciação cristã. Nesse sentido, fez uma contundente interpelação, retomando Santo Agostinho: "Atemoriza-me o que sou para vós; consola-me o que sou convosco. Pois para vós sou bispo, convosco sou cristão. Aquilo é um dever, isto uma graça. O primeiro é um perigo, o segundo salvação" (LG 32).

É claro que permaneceram lacunas, contradições, injustiças nas relações de gênero no interior da Igreja Católica. No entanto, esse Concílio, voltado para o humano antes que para a definição de dogmas, e corajoso no diálogo com o mundo moderno, abriu uma porta para o longo caminho que ainda resta percorrer até que a formulação teológica do apóstolo Paulo seja de fato vivida. E como se afirma no parágrafo 9 da *Gaudium et Spes*, fica legitimado o fato que "as mulheres reivindicam, onde ainda não a conseguiram, sua paridade de direito e de fato com os homens".

A original recepção do Concílio na América Latina incluiu uma efervescência de novos ministérios eclesiais, notadamente nas comunidades eclesiais de base e nos círculos bíblicos nos meios populares. A Igreja dos Pobres concretizou aqui a volta às fontes com sua feição mais humana, popular, leiga e feminina, com eficácia transformadora da sociedade na gratuidade de uma rica gama de ministérios, tanto em funções litúrgicas como na catequese, na leitura da Bíblia, na liderança de comunidades, no ecumenismo, na promoção humana, no mundo do trabalho, na promoção da justiça em favor dos pobres, na política voltada para o bem comum.

Exortações, gestos e iniciativas do Papa Francisco

Que atualização da eclesiologia do Vaticano II faz o Papa Francisco, que é um filho desse Concílio e seguidor de suas intuições fundamentais? Vejamos na sua exortação apostólica *Evangelii Gaudium*.

Ele propõe a "Igreja em saída", que, livre da prisão na sua própria referência, põe-se no horizonte do Reino de Deus e vai ao encontro das periferias existenciais. Torna-se casa aberta a todos e todas, particularmente aos pobres, qual mãe e pai que ama, acolhe, consola, abriga, regenera. Sabe que não é a proprietária do Evangelho de Jesus Cristo, mas sim um meio e instrumento de Deus, um sinal e sacramento de salvação. Seu serviço à inclusão social dos pobres e ao desenvolvimento integral dos mais abandonados da sociedade deriva da fé em Cristo, "que se fez pobre e sempre se aproximou dos pobres e marginalizados" (46-49; 186). Ele ainda afirma que

> duplamente pobres são as mulheres que padecem situações de exclusão, maus-tratos e violência, porque frequentemente têm menores possibilidades de defender os seus direitos. E, todavia, também entre elas, encontramos continuamente os mais admiráveis gestos de heroísmo quotidiano na defesa e no cuidado da fragilidade das suas famílias (EG 212).

É nessa visão de Igreja materna e paterna que podemos entender suas referências ao "gênio feminino" para além da velha justificativa da inferiorização da mulher no que é "dado por natureza". Desde o início do seu pontificado, Francisco se tem pronunciado a favor das mulheres, especialmente no sentido de que elas tenham maior visibilidade e que sejam reconhecidas nos seus direitos, na vida social e profissional.

Mas ele também quer que se ampliem "os espaços para uma presença feminina mais incisiva na Igreja". E justifica com a eclesiologia conciliar: "As reivindicações dos legítimos direitos das mulheres, a partir da firme convicção de que homens e mulheres têm a mesma dignidade, colocam à Igreja questões profundas que a desafiam e não se podem iludir [*sic*] superficialmente" (EG 103-104).

Entre essas questões profundas está a função sacerdotal tornada detentora do poder. Isso destoa da Igreja mãe-pai que volta às fontes e passa pela revolução da *Lumen Gentium*, cujo ponto de partida está na tomada de consciência da responsabilidade laical que nasce do Batismo e da Confirmação. Por isso, em vez de partir da hierarquia constituída exclusivamente pelo clero, o Papa Francisco parte da imensa maioria constituída pelas pessoas leigas, a serviço das quais está a porção minoritária dos ministros ordenados. Nesse numeroso laicato, já bem mais consciente da sua identidade e missão, arraigou-se um sentido de comunidade, muitos têm maior participação nos ministérios laicais e é grande a fidelidade ao compromisso da caridade, da catequese, da celebração da fé, embora tudo isso ainda não seja suficiente (EG 102).

Contudo, a ampla e total manifestação dessa consciência e responsabilidade laical é dificultada por um excessivo clericalismo, que mantém as pessoas leigas à margem das decisões e as impede de encontrar espaço nas suas Igrejas particulares para se exprimir e agir. Muitas pessoas leigas não são formadas para assumir responsabilidades importantes. Além disso, muitas vezes sua maior participação nos ministérios laicais fica restrita a tarefas só dentro da Igreja e não se torna real empenho na transformação da sociedade pela penetração dos valores cristãos no mundo político, social e econômico (EG 102).

Francisco retoma João Paulo II em sua exortação *Christifidelis Laici* para mostrar a distinção entre *função* no ministério sacerdotal e *dignidade* batismal comum a todos. Está na esfera da função a potestade sacerdotal, que não é poder como domínio, mas sim potestade de administrar o sacramento da Eucaristia, de onde deriva a autoridade que é sempre um serviço ao povo. E na Igreja as funções não legitimam a superioridade de uns sobre os outros. Acima dessa função está a *dignidade* e a santidade acessível a todos e todas. O sacerdócio ministerial é um dos meios para o serviço ao Povo de Deus e sua função é servir inteiramente à santidade dos membros da Igreja, até mesmo quando essa função é considerada hierárquica. O sacerdote configurado com o Cristo Cabeça não está no sentido de superioridade, mas no sentido da fonte principal da graça (EG 104).

O não acesso das mulheres ao sacerdócio é um limite real, mostra o Papa Francisco. Está reservado aos homens e não está em discussão. Entretanto, quando a potestade sacramental vem demasiadamente identificada com o poder, essa questão pode tornar-se particularmente controversa e, assim, oportuna e desafiadora aos pastores e teólogos, para que ajudem a "reconhecer melhor o que isto implica no que se refere ao possível lugar das mulheres onde se tomam decisões importantes, nos diferentes âmbitos da Igreja" (EG 104).

Francisco não traz inovações no sentido de uma teologia feminista, embora reconheça o fato de profundas construções teológicas feitas por mulheres. Denuncia com veemência e com nova audácia a condição subalterna das mulheres na Igreja, não só com palavras, mas também com gestos.

Esses gestos em defesa das mulheres não se restringem ao interior da Igreja. Já como Arcebispo de Buenos Aires, Bergoglio tomava a defesa das mulheres em condição de prostituição nas ruas, salvando-as dos seus cafetões.

Poucos dias depois de eleito papa, ao celebrar a Eucaristia da Quinta-feira Santa numa prisão de Roma, ele lavou os pés de duas mulheres. Os papas anteriores jamais incluíram mulheres no lava-pés da tradicional missa da Ceia do Senhor. Mais que isso: ele encaminhou para a Congregação para o Culto Divino e a Disciplina dos Sacramentos mudanças nas rubricas do Missal Romano de modo a possibilitar a inclusão de mulheres. Assim, a formulação passou a ser: "Esse pequeno grupo de fiéis deverá representar a variedade e a unidade de cada porção do povo de Deus". Na Quinta-feira Santa do ano seguinte, na prisão de Rebibbia, o Papa Francisco lavou os pés de doze pessoas detentas, sendo seis homens e seis mulheres. Uma dessas mulheres tinha no colo um bebê, que também teve seus pezinhos lavados por ele.

Entretanto, gestos concretos também foram feitos acompanhando sua proposta de inclusão de mulheres em instâncias de exercício do poder na Igreja, como está no parágrafo 104 da sua *Evangelii Gaudium*.

Bento XVI já havia nomeado, em 2010, a primeira mulher leiga para o serviço de subsecretária de um dicastério importante, o Pontifício Conselho de Justiça e Paz. Trata-se de Flaminia Giovanelli. No ano seguinte, nomeou a religiosa Nicla Spezzati subsecretária da Congregação para os Institutos de Vida Consagrada.

Francisco fez importantes nomeações de mulheres em 2014. Nomeou para a presidência da Pontifícia Academia das Ciências Sociais a socióloga Margaret Archer. Também nomeou a religiosa franciscana Irmã Mary (Maria Domenica Melone), pedagoga e teóloga, como "reitor magnífico" da Pontifícia Universidade Antonianum, em Roma, de modo que ela é a primeira reitora de uma universidade pontifícia. Ainda, nomeou cinco mulheres para a Comissão Teológica Internacional, que até então tinha duas mulheres. Outras nomeações feitas por ele: a da italiana Bruna Costacurta e da religiosa espanhola Nuria Calduch-Benages, como novos membros da Pontifícia Comissão Bíblica.

Através de iniciativas como essas, ele está abrindo caminho para que as mulheres exerçam tarefas intelectuais e sejam ouvidas na Igreja como sujeitos da teologia em âmbito institucional. Em dezembro de 2015, ele disse à Comissão Teológica Internacional que "é preciso tirar o melhor proveito da sua contribuição específica para a inteligência da fé".

Como Bispo de Roma, em seu programa de reforma, Francisco enfrenta fortes reações contrárias por parte de cardeais da Cúria. Ele sabe que mudanças corajosas começam pelas bordas, ao mesmo tempo que ousamos mexer numa teologia com fortes marcas de androgenia e de clericalismo.

Que o critério das mudanças não seja aquele circunscrito aos limites do patriarcalismo do tempo de Jesus com seu movimento nem o de inferiorizações socioculturais. O critério é o Reino que Jesus anunciou e pelo qual transgrediu o legalismo causador de exclusões e opressões. E o grande princípio teológico para uma verdadeira "cidadania eclesial" vivida por todos os membros da Igreja é a igual dignidade batismal.

Bibliografia

ALMEIDA, A. J. *Apostolicam Actuositatem;* texto e comentário. São Paulo: Paulinas, 2012. (Coleção Revisitar o Concílio.)

CONCÍLIO VATICANO II. *Vaticano II;* mensagens, discursos, documentos. São Paulo: Paulinas, 1998.

FRANCISCO. Exortação apostólica *Evangelii Gaudium.* São Paulo: Paulus/ Loyola, 2013.

PARRA, A. *Os ministérios na Igreja dos Pobres.* Petrópolis: Vozes, 1991. (Col. Teologia e Libertação, Série IV.)

SOBERAL, J. D. *O ministério ordenado da mulher.* São Paulo: Paulinas, 1989.

A ÉTICA DA VIDA MISERICORDIOSA
INCLUSIVA, ANTI-IDOLÁTRICA
E ECOLIBERTADORA

Luiz Augusto de Mattos

Diante de uma realidade civilizacional onde a vida humana, a natureza e a realidade planetária são ameaçadas por uma *ordem sistêmica* globalizada que privilegia o progresso de alguns e o descuido de dois terços da humanidade, que a partir da tecnologia e do poder científico (HINKELAMMERT, 2001, p. 27) justifica-se qualquer intervenção na natureza, fica complicado crer no futuro da vida digna e justa na Terra (BOFF, 2016, p. 150-151). O risco do genocídio coletivo e a realidade de ecocídio não se pode negar!

Ou seja: "O ambiente humano e o ambiente natural degradam-se em conjunto, e não podemos enfrentar adequadamente a degradação ambiental se não prestarmos atenção às causas que têm a ver com a degradação humana e social. De fato, a deterioração do meio ambiente e da sociedade afetam de modo especial os mais frágeis do planeta: 'Tanto a experiência comum da vida cotidiana como a investigação científica demonstram que os efeitos mais graves de todas as agressões ambientais recaem sobre as pessoas mais pobres'" (cf. LS 48).

Por isso, tratar da ética como experiência de vida pessoal, social, institucional e planetária implica ter como razão maior e utopia, desejo motivador e compromisso concreto, um trabalho de *cuidado* com a nossa "casa comum" (cf. BOFF, 2003, p. 10). O que exige ter como meta a humanização da vida, a promoção dos excluídos, a libertação dos oprimidos. Onde a vida grita e pede por justiça, cabe aí um compromisso ético. "O ético não é regido pelas normas morais, pelo que o sistema indica como bom [...]; rege-se pelo que o pobre reclama, pelas necessidades do oprimido, pela luta contra a dominação, as estruturas, as relações estabelecidas pelo 'Príncipe deste mundo'" (DUSSEL, 1986, p. 63-64). A ética tem de tematizar os critérios que ajudam na defesa e promoção da vida em qualquer instância. E mais: "Ou a ética é ética da humanização ou não é ética que mereça nossa atenção, nosso interesse e nosso respeito" (CASTILLO, 2010, p. 34). Vale lembrar que a finalidade da ética pode ser expressa em duas faces que se complementam: primeiro, tem a ver com a resistência à crueldade e à barbárie; segundo, a realização da vida humana.

Não resta dúvida que esse compromisso ético na perspectiva do cuidar da vida, da "casa comum" demanda uma experiência que rechaça, supera e critica o alheamento, a apatia, o desinteresse e a insensibilidade em relação à vida de bilhões de seres humanos que são excluídos de uma vida humanizada e feliz. Nesse sentido, afirma o Papa Francisco:

> Assim como o mandamento "não matar" põe um limite claro para assegurar o valor da vida humana, hoje devemos dizer "não a uma economia da exclusão e da desigualdade social". Essa economia mata. Não é possível que a morte por enregelamento de um idoso sem abrigo não seja notícia, enquanto o é a descida de dois pontos na Bolsa. Isto é exclusão. Não se pode tolerar mais o fato de lançar comida no lixo, quando há pessoas que passam fome. Isto é desigualdade social. Hoje, tudo entra no jogo da competitividade e da lei do mais forte, em que o poderoso engole o mais fraco. Em consequência dessa situação,

grandes massas da população veem-se excluídas e marginalizadas: sem trabalho, sem perspectivas, num beco sem saída. O ser humano é considerado, em si mesmo, como um bem de consumo que se pode usar e depois lançar fora. [...] Os excluídos não são "explorados", mas resíduos, "sobras" (EG 53).

Pode-se afirmar que o conjunto das

> ameaças globais desembocou numa crise geral da convivência humana. O desmoronamento das relações humanas que estamos presenciando afeta a própria possibilidade da convivência. Quanto mais aparece a exclusão crescente de setores da população, mais se generaliza o comportamento desumano inevitável em relação a estes excluídos, e é assimilado no comportamento mútuo entre os incluídos. Não aparece uma polarização entre incluídos, que mantêm a capacidade de convivência, face a excluídos, que a perdem, mas a perda se transforma em perda geral. No polo dos incluídos dissolve-se a capacidade de convivência num grau talvez maior do que no polo dos excluídos. Trata-se, até agora, da última ameaça global que, afinal, pode ser a pior, porque torna o ser humano incapaz de enfrentar as outras. Aparece, por conseguinte, a responsabilidade face à própria capacidade de convivência humana (HINKELAMMERT, 2001, p. 26).

Há que trabalhar para vencer toda falta de responsabilidade e perda da sensibilidade humana e social.

Enquanto a exclusão social da grande maioria for realidade na face do planeta, e o descompromisso em cuidar de todos os seres vivos for testemunhado, cabe um questionamento ético em prol da inclusão de todos e uma ação libertadora pela justiça ecológica.

Para a ética da vida, o caminho é assumir uma responsabilidade pelo futuro da vida digna, justa e feliz na Terra. Não pode existir neutralidade nisso. Enfim, ou a humanidade se torna responsável pelo globo "globalizado", ou ela estará comprometida com sua destruição (HINKELAMMERT, 2001, p. 27). E mais. Há que levar a sério um compromisso ético com o meio ambiente, porque as consequências para o futuro são assustadoras. Enfim, as

> previsões catastróficas já não se podem olhar com desprezo e ironia. Às próximas gerações, poderíamos deixar demasiadas ruínas, desertos e lixo. O ritmo de consumo, desperdício e alteração do meio ambiente superou de tal maneira as possibilidades do planeta, que o estilo de vida atual – por ser insustentável – só pode desembocar em catástrofe, como, aliás, já está acontecendo periodicamente em várias regiões. A atenuação dos efeitos do desequilíbrio atual depende do que fizermos agora, sobretudo se pensarmos na responsabilidade que nos atribuirão aqueles que deverão suportar as piores consequências (LS 61).

A ética da vida na trilha de Cristo

Responder a um serviço ético em relação à vida necessariamente coloca como grande meta "buscar o rosto de Deus" (cf. Sl 27,8). Um Deus que foi revelado em Cristo e que por isso nos implica viver a "ética de Cristo". É claro que, de acordo como for a nossa representação de Deus no qual se crê, assim será a ética a ser deduzida dessa maneira de crer (cf. CASTILLO, 2010, p. 34-35). Uma coisa devemos ter bem claro: "Jesus [...] quer que toquemos a miséria humana, que toquemos a carne sofredora dos outros. Espera que renunciemos a procurar aqueles abrigos pessoais ou comunitários que permitem manter-nos à distância do nó do drama humano, a fim de aceitarmos verdadeiramente entrar em contato com a vida concreta dos outros e conhecermos a força da ternura" (EG 270).

Nesse sentido, é fundamental compreender que a

> fé em Deus e o comportamento moral são duas grandezas indissolúveis unidas na vida daquele que crê. Não somente coexistem, mas mutuamente se condicionam e se constroem. A essa relação cabe a

sabedoria do dito popular: "Diga-me que imagem de Deus tens e te direi que tipo de moral praticas" e vice-versa: "Diga-me que moral vives e te direi que ideia de Deus tens" (VIDAL, 2003, p. 24).

Sendo assim, a experiência cristã tem de afastar das imagens falsas de Deus e/ou das idolatrias, as quais favorecem legitimar e até sacramentalizar a opressão, o descuido e a expropriação da própria vida. Muitas atitudes morais desumanas já se apoiaram numa representação de Deus. Um exemplo clássico é a dominação dos povos indígenas e de povos africanos nas Américas em nome de uma evangelização cristã.

A ética diante do pressuposto teológico tem de fazer a seguinte pergunta: o ser humano que diz amar o Deus de Jesus Cristo, o que busca ou o que faz diante das grandes questões em relação à vida humana e à da natureza? Em outras palavras, o

> problema estritamente teológico consiste em redescobrir o Deus vivo face a outras divindades que em nome de Deus geram a morte. Ou seja, o confronto não se dá entre fé em Deus e ateísmo, mas entre fé e idolatria. Por isto mesmo, a representação de Deus subjacente à ética da libertação é a do Deus da Vida, que se faz presente na história dos homens, toma partido dos pobres e quer implantar um Reino para eles (MOSER, 1984, p. 63-64).

Deus, através da encarnação de seu Filho, se faz defesa e promoção da vida de bilhões de Lázaros, vê a miséria do seu povo e se faz missão através de um discurso programático (Lc 4,18-19) que implica inserção na história da humanidade visando libertar tudo o que oprime e escraviza o ser humano, ao mesmo tempo que toma partido dos últimos da história (cf. MOSER, 1984, p. 65-66).

Nessa perspectiva de um Deus que ama e cuida da vida é que é possível entender a *ética de Jesus*. A ética de Jesus é a ética da vida! Para ele, o fundamental é desfrutar da vida, viver de maneira prazerosa, justa e amorosa a vida, sobretudo aberta aos demais. Razão que levou a escandalizar os "religiosos" da sua época (cf. CASTILLO, 2010, p. 17). Ademais, uma "ética construída a partir do Deus humanizado e vivida de acordo com esse Deus é a única ética que hoje pode ser aceita e que pode humanizar este mundo tão desumano" (CASTILLO, 2010, p. 17). Ou seja, pelo fato de que no homem Jesus o "divino fundiu-se no humano", o distintivo mais marcante e profundo de Deus não tem a ver com sua *divindade*, e sim com sua *humanidade*, o que implica pensar uma ética cristã sempre orientada para o *bem* da vida. Por isso a afirmação que se segue:

> Deus se nos dá a conhecer de forma que o mais notório, o mais característico e o distintivo por excelência de Deus é precisamente uma humanidade que transcende, até o último limite, qualquer manifestação de inumanidade. Dizendo de outra forma, em Jesus descobrimos que a humanização de Deus transcende o humano porque supera e elimina qualquer indício ou forma de desumanização. A transcendência do humano é, essencialmente e antes de tudo, a superação do inumano. Por outro lado [...] na medida em que a superação total de qualquer expressão de inumanidade não está ao alcance da condição humana, por isso mesmo a límpida e perfeita humanização de Deus é a demonstração mais forte de sua transcendência. Dessa maneira, tão simples como inesperada, a transcendência divina se torna presente na imanência humana. Falando em uma linguagem mais coloquial e acessível, pode-se afirmar que Deus é tão intimamente humano porque é tão radicalmente divino (CASTILLO, 2015, p. 295).

Por fim, tratar da ética da vida à luz do pressuposto teológico da ética de Jesus nos dá um suporte imprescindível para superar certas morais incabíveis ou desumanizadoras. Mais ainda quando se sabe que a ética cristã é profundamente cristocêntrica. O que contribui para determinar a ética como ética do *amor*. Pois "a imagem definitiva de Deus para a moral não pode ser outra que a de Deus *amor*, segundo a expressão de João: 'Deus é amor' (1Jo 4,8.16). A essa revelação de Deus como Amor corresponde a revelação da Caridade como o caminho da ética cristã: caminho da perfeição pessoal e caminho da transformação do mundo. Segundo o Concílio Vaticano II, foi o Verbo de Deus quem nos fez esta revelação: 'Ele mesmo (O Verbo de Deus) nos revela *que Deus é amor* (1Jo 4,8) e que a lei fundamental da perfeição humana, e, por isso, da transformação do mundo, é o mandamento do amor' (GS 38)" (VIDAL, 2003, p. 45).

Trabalhar por uma ética da vida, a qual nos lança num compromisso impreterivelmente defensor e cuidador da vida, preferencialmente as mais sofridas e excluídas, nos coloca na trilha da ética do Cristo:

> O amor às pessoas é uma força espiritual que favorece o encontro em plenitude com Deus, a ponto de se dizer, de quem não ama o irmão, que "está nas trevas e nas trevas caminha" (1Jo 2,11), "permanece na morte" (1Jo 3,14) e "não chegou a conhecer a Deus" (1Jo 4,8). Bento XVI disse que "fechar os olhos diante do próximo torna cegos também diante de Deus", e que o amor é fundamentalmente a única luz que "ilumina incessantemente um mundo às escuras e nos dá a coragem de viver e agir". Portanto, quando vivemos a mística (ou a ética) de nos aproximar dos outros com a intenção de procurar o seu bem, ampliamos o nosso interior para receber os mais belos dons do Senhor. Cada vez que nos encontramos com um ser humano no amor, ficamos capazes de descobrir algo de novo sobre Deus. Cada vez que os nossos olhos se abrem para reconhecer o outro, ilumina-se mais a nossa fé para reconhecer a Deus (EG 272).

Desafios para uma ética da vida

Diante de uma situação onde se vive a insensibilidade, o alheamento, o sonho da parcialização ou da inclusão social a partir dos privilegiados pela lógica "mercadocêntrica", fica complicado vivenciar um compromisso ético na trilha do seguimento de Jesus Cristo. Ou, como se afirma: "[...] vivemos num tempo em que as mais chocantes injustiças sociais parecem incapazes de gerar a indignação moral e a vontade política necessárias para as combater eficazmente e criar uma sociedade mais justa e mais digna" (SANTOS, 2013, p. 8). Realidade que exige da ética uma orientação baseada em alguns "conteúdos" em vista de um projeto de humanização e libertação da vida.

Dentre tantos "conteúdos" podemos citar os seguintes:

A defesa e a promoção de um "etos não excludente"

O contexto de desigualdade social e de exclusão que permeia a atual humanidade está exigindo da ética uma prática que aponta para um trabalho de conscientização e de motivação que se oponha de maneira lúcida e eficaz a isso. A ética, se quiser oferecer um serviço à humanidade de verdadeira responsabilidade diante das vidas, sobretudo das vidas vulneráveis, excluídas..., tem de dirigir suas preocupações em defesa apaixonada e responsável pelos que sofrem. Ou seja, a grande proposta tem de ser uma articulação por um etos "onde caibam todos e todas". A ética tem de privilegiar os "últimos" da sociedade como sujeito epistemológico, por isso, como ponto de partida para a reflexão e a ação. Ou, como se diz:

> A situação de empobrecimento e de exclusão em que vivem grandes porções da humanidade e as dificuldades históricas de suscitar *com--paixão* e solidariedade têm desafiado a reflexão de muitos pensadores situados na periferia dos grandes centos metropolitanos e dos sistemas imperantes. Objetivamente, esta *anti*-realidade provoca indignação e até iracúndia sagrada. Diante das multidões famélicas, dos olhos transtornados pelo desespero e dos corpos retorcidos pela fome, a reação humana mínima é: "Isto não pode ser. Isto tem de ser mudado". Deste sentimento visceral nasce a vontade política por um processo de libertação, carregado de densidade ética (BOFF, 2000, p. 83).

Partindo dos que estão fora, dos que têm seu ser negado e suas causas desconsideradas, pode-se iniciar a construção de etos da inclusividade e com características de universalidade.

Uma ética à luz da fé anti-idolátrica

Vivenciar uma ética da vida no caminho da ética de Cristo pressupõe, impreterivelmente, enfrentar os ídolos (cf. MO SUNG, 2015, p. 78) que apequenam, violentam e assassinam a vida humana e a vida da natureza. Devido à idolatria, nega-se a primazia do ser humano e a justiça ecológica. Afirma o Papa Francisco: "A adoração do antigo bezerro de ouro (cf. Ex 32,1-35) encontrou uma nova e cruel versão no fetichismo do dinheiro e na ditadura de uma economia sem rosto e sem um objetivo verdadeiramente humano" (EG 55). E nessa mesma orientação segue o papa:

> A ambição do poder e do ter não conhece limites. Neste sistema que tende a fagocitar tudo para aumentar os benefícios, qualquer realidade que seja frágil, como o meio ambiente, fica indefesa diante dos interesses do mercado divinizado, transformados em regra absoluta. [...] Por detrás desta atitude escondem-se a rejeição da ética e a recusa de Deus. Para a ética, olha-se habitualmente com certo desprezo sarcástico; é considerada contraproducente, demasiado humana, porque relativiza o dinheiro e o poder. É sentida como uma ameaça, porque condena a manipulação e a degradação da pessoa (EG 56-57).

Nesse sentido, uma tarefa primordial, fundamental da ética é desmascarar o ídolo que sustenta e legitima uma ordem sistêmica excludente e construtora de uma cultura da indiferença. Nessa luta anti-idolátrica se trabalha por um sistema social onde a dignidade humana de todos os seres humanos seja respeitada e promovida. Uma ética da vida que não assume uma fé não idolátrica que defende a dignidade dos pobres e a defesa da natureza estará traindo sua razão maior, ou seja, ser serviço ao Deus do Reino.

Uma ética que cultiva a utopia por um mundo mais justo e melhor para todos

Diante de uma globalização que viabiliza o processo de exclusão da grande maioria da humanidade, de ecocídio e de geocídio, o compromisso ético tem de *denunciar* as injustiças, opressões e destruições e *anunciar* um outro mundo factível e mais humanizado. Isso se dá a partir também do sonho utópico de que outro mundo é possível. Não obstante,

> nem todos os mundos que desejamos são possíveis. Isto é, um outro mundo desejado não significa que será possível só pelo fato de que o desejamos, pois nós, seres humanos, somos capazes de desejar coisas que estão além das nossas possibilidades. Entretanto, utopias – essas imaginações de um mundo "perfeito", mas impossível – são necessárias para que possamos ter um horizonte de sentido que nos permite criticar o mundo atual e nos possibilitam também fazer projetos alternativos de sociedade. Por mais que desejemos que o nosso desejo utópico se realize, precisamos ter o realismo histórico para perceber os limites da condição humana e da natureza e lutar por projetos históricos factíveis. Quem luta por realizar desejos impossíveis comete erros que não lhe permitem construir um projeto alternativo possível (MO SUNG, 2004, p. 120).

Para ajudar na construção de um mundo sustentável social, econômica e ecologicamente, a ética também deverá ser "serviço de sentido" (cf. VIDAL, 2005, p. 187-188). Esse serviço dará ânimo e razão para seguir avançando rumo a um mundo mais cuidado da vida. O que é fundamental diante do fatalismo, da falta de alternatividade e de utopia.

Terminando, se a ética da vida quer contribuir para a promoção de um mundo mais justo e sustentável social e ambientalmente, ela não poderá prescindir de um compromisso de solidariedade, cuidado e promoção da vida mais descartável, empobrecida e excluída. Numa civilização onde tudo é mercantilizado, há que resgatar a dignidade da vida e a prática ética da defesa humanitária. Caso contrário, falar de uma ética da vida fica complicado!

Se a ética se funda na manifestação da Transcendência na imanência, torna-se fundamental compreender que a experiência do Deus cristão deverá ser conhecida na "ressurreição" dos corpos e das vidas descuidadas (cf. Ez 37), e na diaconia samaritana que se faz testemunho pela misericórdia e justiça para com todos.

Bibliografia

BOFF, L. *Ethos mundial*. Um consenso mínimo entre os humanos. Rio de Janeiro: Letraviva, 2000.

_____. *Ética e moral*. A busca dos fundamentos. Petrópolis: Vozes, 2003.

_____. *A terra na palma da mão*. Uma nova visão do planeta e da humanidade. Petrópolis: Vozes, 2016.

CASTILLO, J. M. *A ética de Cristo*. São Paulo: Loyola, 2010.

DUSSEL, E. *Ética comunitária*. Liberta o pobre! Petrópolis: Vozes, 1986.

FRANCISCO. *Evangelii Gaudium*. São Paulo: Paulinas, 2013.

HINKELAMMERT, F. A globalização como ideologia encobridora que desfigura e justifica os males da realidade atual. *Concilium* 293, Petrópolis: Vozes, 2001.

MO SUNG, Jung. Economia e espiritualidade: por um outro mundo mais justo e sustentável. *Concilium* 308, Petrópolis: Vozes, 2004.

MOSER, A. A representação de Deus na ética da libertação. *Concilium* 192, Petrópolis: Vozes, 1984.

SANTOS, B. de S. *Se Deus fosse um activista dos direitos humanos*. Coimbra: Almedina, 2013.

VIDAL, M. *Nova moral fundamental*. O lar teológico da ética. São Paulo/Aparecida: Paulinas/Santuário, 2003.

_____. Transformações recentes e perspectivas de futuro na ética teológica. In: GIGELLINI, Rosino (Ed.). *Perspectivas teológicas para o século XXI*. Aparecida: Santuário, 2005.

POSFÁCIO

Walter Altmann

Alegria. Com esse sentimento foi escrito este livro. Seus vários autores, dando diferentes enfoques e abordando assuntos diversos, demonstram que a alegria lhes é um sentimento que têm em comum. A princípio, trata-se de uma alegria evocada pela surpresa de o conclave cardinalício, reunido em 2013, ter eleito alguém vindo do "fim do mundo", como logo viria expressar o recém-eleito, como também por seu imediato gesto de humildade, pedindo que o povo por ele rezasse, ainda antes de em favor dele proferir sua bênção papal.

A alegria foi só reforçada durante os três anos de pontificado, em que o Papa Francisco não se cansou de dar sucessivos gestos de atenção e carinho aos pobres, aos desvalidos, aos marginalizados. Por fim, a alegria alcança sua culminância ao experimentar que o Papa Francisco, sem esquecer de encetar esforços de renovação da Igreja Católica e de reabilitação interna de pessoas disciplinadas ou mantidas à sombra ou, ainda, de aproximação amorosa com outras Igrejas e religiões, também denuncia mecanismos da injustiça no mundo e conclama à justiça, à paz e, por fim, ao cuidado da Criação.

O Papa Francisco. Tenho como uma honra o ter sido convidado, não sendo eu próprio um fiel católico, mas luterano, a escrever o posfácio a esta obra. Tive o privilégio de conhecer pessoalmente o Papa Francisco, como também seus dois últimos predecessores, o Papa João Paulo II e o Papa Bento XVI. Conheci o então Cardeal Bergoglio, Arcebispo de Buenos Aires, quando da VI Conferência

Episcopal Latino-Americana, em Aparecida, São Paulo, em 2007, da qual pude participar como delegado fraterno. (Isso se não muito antes. Sem poder recordá-lo especificamente, posso tê-lo conhecido já em 1966, quando estudei na Faculdade Luterana de Teologia de José C. Paz, Buenos Aires, e visitávamos, para encontro fraterno e intercâmbio teológico, o seminário jesuítico de San Miguel, em que o hoje papa então se encontrava.) Em outubro passado, pude reencontrá-lo, agora como papa (ou como Bispo de Roma, como gosta de ser designado), ao participar, no Vaticano, como delegado fraterno, representando o Conselho Mundial de Igrejas (CMI), do Sínodo dos Bispos que se ocupou com o tema da família.

O Papa Francisco não apenas se apresenta como uma pessoa simples, ele é. Desde seu modo austero, nada pomposo, de estar trajado até a maneira informal com que recebe espontaneamente e ouve seus interlocutores até mesmo nos intervalos, sem receber mesuras e salamaleques, passando pela participação atenta em todas as sessões do Sínodo (com exceção apenas das manhãs de quarta-feira, quando manteve a tradicional audiência pública, pois não cortaria esse contato com o povo), tudo transpira simplicidade autêntica.

Nas ocasiões em que fez uso da palavra, nunca interferindo, porém, no transcurso dos debates, realçou persistentemente a dimensão da misericórdia divina, tema tão caro a ele, misericórdia com a qual, lembra a todos, foi incumbida a própria Igreja. Ela não foi vocacionada para julgar as pessoas, mas para exercer a misericórdia divina. Também a doutrina, importante como é, não substitui a misericórdia, muito menos deve ser transformada em instrumento para angustiar pessoas, mas está a serviço do amor de Deus aos humanos. Isso vale em especial no relacionamento pastoral para com as pessoas atribuladas em sua consciência, não por último as que sofrem, por estarem impedidas de comparecer à mesa eucarística.

Na ocasião da celebração dos 50 anos do Sínodo dos Bispos, em ato aberto a um público maior, o papa evocou o Concílio Vaticano II, cujo espírito seu pontificado está resgatando poderosamente;

acentuou a colegialidade e a sinodalidade que deve perpassar a Igreja toda, mas também deixou seu recado de que a relação dos pares é com Pedro, mas também sob Pedro (*cum Petro et sub Petro*). A observação certamente teve em mente as resistências internas que enfrenta em seus esforços de renovação e reformas. Ela se constituiria de certo modo em obstáculo, se proferida num encontro ecumênico. Aí é promissor que, ao encontrar-se com Bartolomeu I, Patriarca ecumênico (ortodoxo) de Constantinopla, tenha manifestado abertura, como de resto já o fizera o Papa João Paulo II, para um diálogo revisor acerca da modalidade de exercício do ministério petrino, que poderia ser, ouso acrescentar eu, menos jurisdicional e mais pastoral, característica fundamental que ele demonstra que lhe está bem presente.

Como luterano, chamou-me também a atenção com quanto espírito nitidamente evangélico (no sentido de "condizente com o Evangelho") o papa aborda a Escritura. Por exemplo, a homilia proferida diante da Basílica de São Pedro, diante de milhares e milhares de fiéis superlotando a Praça de São Pedro, em missa de canonização, foi uma reflexão atenta ao texto bíblico do Evangelista São Marcos, da dimensão de serviço que caracteriza a vida de quem segue a Jesus e deve caracterizar toda ação da Igreja, longe do exercício do poder no sentido comum no mundo da política. Ou seja, um testemunho vivo da vocação pastoral que ele deseja ver impregnando a Igreja toda.

Tomo a liberdade de mencionar também que, numa das (breves) conversações que tive com o Papa Francisco, mencionei ter estudado em José C. Paz em 1966, e ele imediatamente se recordou com apreço do Pastor sueco Anders Ruuth, que foi meu professor de Teologia Pastoral naquele ano. O papa já tem expressado de público que Anders Ruuth lhe foi importante em sua própria formação espiritual. E recebeu, em outro gesto de elevado significado, a Arcebispa Primaz da Igreja da Suécia (luterana), Antje Jackelén, uma mulher em ofício episcopal, em Igreja oriunda da Reforma. Também programou com a Federação Luterana Mundial (FLM) uma comemoração litúrgica conjunta na proximidade dos 500 anos da Reforma, no próximo dia 31 de outubro, precisamente na Igreja da Suécia, em Lund, onde a FLM se constituiu em 1947. Que gesto ele poderá dar nessa ocasião ou quando os 500 anos se cumprirem, em 2017? Como seja, o papa não tem hesitado em usar o termo de uma "Igreja sempre em reforma" (*Ecclesia semper reformanda*), termo muito caro à teologia e à autocompreensão das Igrejas da Reforma e que pode, portanto, ser entendido como conceito compartilhado de Igrejas ainda separadas, mas crescentemente reconciliadas, ainda que em sua diversidade, esta não mais vista como razão para exclusão mútua, mas como enriquecimento recíproco.

Esperança. Também com ela foi escrito este livro. Seus autores não escondem o que lhes é profundo anseio, mas repleto de esperança: que, embora o pontificado do Papa Francisco tenha a probabilidade de não ser muito longo, devido à sua idade já avançada, as marcas que ele terá deixado venham a ter o dom da continuidade. Que as marcas deste papado ultrapassem seu tempo e perdurem para o dia em que já não será Francisco, o Bispo de Roma. Eles têm esperança de que seu legado será uma Igreja mais descentralizada, mais colegial, mais erigida sobre a fé do povo. Uma Igreja a partir dos pobres e a estes voltada, uma Igreja preocupada com o cuidado da Terra, nossa casa comum. Uma Igreja, também isto é expressado como esperança nas últimas contribuições, em que os fiéis não ordenados e as mulheres alcancem participação condizente com sua condição de terem sido plenamente incorporados à Igreja mediante o batismo que receberam.

Por fim, os vários autores deste livro não omitem, ainda que isso não se constitua em ênfase primordial de suas colocações, a realidade da existência de oposição ao Papa Francisco e as resistências a seus intentos renovadores, seja de parte dos poderosos do mundo, seja de grupos conservadores internos à Igreja, temerosos de que se pudesse perder a tradição em que se sentem abrigados e confortáveis. Até que ponto o mundo globalizado, as forças do "mercado" a incrementar as desigualdades sociais, estariam dispostos a ouvir seu chamado e suas advertências? Até que ponto as forças que internamente resistem passarão a acolher a voz do seu pastor? Consideradas essas resistências e esses obstáculos, este livro deve ser visto também como um convite a que seus leitores, incorporados ao movimento renovador, sejam sensíveis ao sopro do Espírito e perseverem naquela senda pela qual trilhou o próprio Jesus.

SOBRE OS AUTORES

Dom Angélico Bernardino Sândalo foi bispo auxiliar da Arquidiocese de São Paulo e é bispo emérito de Blumenau, Santa Catarina.

Alex Villas Boas é doutor em Teologia, professor de Teologia da PUC-SP e professor convidado da Universidade de Aveiro, Portugal.

Antonio Sagrado Bogaz é doutor em Liturgia e Filosofia e professor no ITESP (Instituto São Paulo de Estudos Superiores). É autor de livros e artigos na área de Teologia.

Dom Celso Queiroz foi bispo auxiliar na Arquidiocese de São Paulo e é bispo emérito da Diocese de Catanduva, São Paulo.

Donizete José Xavier é doutor em Teologia, professor na Faculdade de Teologia da PUC-SP e coordenador da disciplina Créditos Teológicos na mesma universidade.

Eulálio A. P. Figueira é doutor em Ciências da Religião e professor no Departamento de Ciência da Religião da PUC-SP.

Fernando Altemeyer Jr. é mestre em Teologia, doutor em Ciências Sociais e professor no Departamento de Ciência da Religião da PUC-SP.

João Décio Passos é livre-docente em Teologia pela PUC-SP e professor no Programa de Estudos Pós-Graduados em Ciência da Religião na PUC-SP.

João Henrique Hansen é doutor em Letras e Literatura pela Universidade de São Paulo e autor de livros e artigos na área de Teologia.

Luiz Augusto de Mattos é doutor em Teologia e professor no ITESP (Instituto São Paulo de Estudos Superiores).

Maria Cecília Domezi é doutora em Ciências da Religião e professora no ITESP (Instituto São Paulo de Estudos Superiores).

Sergio Torres González é teólogo pastoralista e coordenador do Observatório Eclesial de América Latina e de Ameríndia. Reside em Santiago, Chile.

Vera Ivanise Bombonatto pertence à Congregação das Irmãs Paulinas. É doutora em Teologia Dogmática. Responsável pela área de Teologia e membro do Conselho Editorial da Paulinas Editora.

Wagner Lopes Sanchez é doutor em Ciências Sociais e professor no Programa de Estudos Pós-Graduados em Ciência da Religião na PUC-SP.

Walter Altmann é pastor luterano, professor de Teologia na Faculdades EST (São Leopoldo, RS), ex-pastor presidente da Igreja Evangélica de Confissão Luterana no Brasil (IECLB), ex-presidente do Conselho Latino-Americano de Igrejas (CLAI) e ex-moderador do Conselho Mundial de Igrejas (CMI).

Impresso na gráfica da
Pia Sociedade Filhas de São Paulo
Via Raposo Tavares, km 19,145
05577-300 - São Paulo, SP - Brasil - 2017